JN201942

コミュニティ・スクール

増補改訂版

「地域とともにある学校づくり」の実現のために

佐藤 晴雄 著

COMMUNITY
SCHOOL

エイデル研究所

 ## 増補改訂版の刊行にあたって

　本書は2016（平成28）年の発行以来、実に多くの方々に注目されて、コミュニティ・スクールの普及にいささかでも資することができたのではないかと思っている。現時点でもコミュニティ・スクールに関する大規模な全国調査は筆者らが取り組んだもの以外にはなく、その意味で、本書で取り上げた調査データは何らかの形で参考にされてきたようである。ちなみに、中教審答申（平成27年12月）や文部科学省「地方教育行政の組織及び運営に関する法律」（第47条の6）条文解説でも「文部科学省委託調査」として用いられている。

　しかしながら、2017（平成29）年3月に地教行法が一部改正され、学校運営協議会の在り方などが改められたところである。教育委員会にコミュニティ・スクール導入が努力義務化され、その結果、「指定校」という仕組みが条文で削除され、また学校運営協議会の運営の在り方が地方の実情に応じて教育委員会規則で定められることとなり、その運営が弾力化されたのである。特に、教職員の「任用」等に関する意見申し出の在り方について教育委員会で定められることとなり、これを契機にコミュニティ・スクール導入に踏み切った教育委員会も見られるのである。

　そこで、本書は、特に以下の点に配慮して増補改訂版としたところである。

・「補章」を新たに加えて、法改正による学校運営協議会の在り方について詳述することとした。
・「第1部第4章」で取り上げた学校運営協議会規則の数を237例（2015年5月時点）とした。初版は157例（2013年5月時点）であった。

- ・「第 3 部　コミュニティ・スクール Q&A」のうち、一部の項目を法改正を踏まえて改めた。
- ・そのほか、一部のデータについては、2015年調査のデータに更新して、解説に修正を加えた。

　本書増補改訂版は、これから各地に普及するであろうコミュニティ・スクールの運営を担う方々はもちろん、以上のようにデータを更新し、「補章」を加えたことから、初版をお読みいただいた方にも改めて目にとめていただくことを願っている。

　この増補改訂版編集には、エイデル研究所の村上拓郎氏と山添路子氏のお世話になった。お二人には、この場を借りて謝意を表したい。

2019年6月1日　　佐藤晴雄

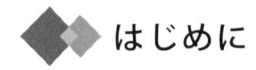# はじめに

　2015（平成27）年12月に文部科学大臣に提出された中央教育審議会の答申は、すべての公立学校がコミュニティ・スクールを目指すよう促し、いわばコミュニティ・スクール導入の努力義務化を提言したところである。コミュニティ・スクールに対しては、不要感や不安感を抱く関係者は未だ少なくない。保護者や地域住民が学校にもの申す仕組みである学校運営協議会を設置されるからである。

　しかしながら、よく考えると、コミュニティ・スクールが創設されるまでに、学校の利害関係者（ステイク・ホルダー）である保護者や地域住民が学校に正式な形で意向や情報を伝えることができなかったことこそ不思議だと言ってよいかも知れない。学校はしばしばブラックボックスに喩えられ、内部で行われていることが外部からはなかなか見えなかったのである。そのために、学校に対する苦情が目立ち、体罰などの問題も発生しやすかったと考えられる。

　また、今や学校と地域の連携の意義を否定する関係者はほとんどいないだろう。1996（平成8）年の旧中央教育審議会が「学校ボランティア」の取り組みを促し、翌年の文部省「教育改革プログラム」で「学校支援ボランティア」に関する事項が盛り込まれた頃には、その活動に消極的だった学校関係者は多かったが、現在は学校支援地域本部の導入等の影響もあり学校支援活動は全国的に展開されてきている。この例からは、学校と地域との関係づくりにはある程度の時間が必要だと言えないだろうか。特に、諸課題を多く抱えるようになった今日の学校は多くの外部関係者の力を借りることが必要だと認識されるようになったのである。

以上のような状況にあるにもかかわらず、コミュニティ・スクールが不要視されたり、不安視されたりする大きな原因の一つにその制度に対する理解不足があると言ってよい。コミュニティ・スクールの成果が明確でない、学校運営協議会の意見によって学校の自律性が損なわれないか、教職員の任用に関する意見申し出で人事が混乱しないかなどと言う関係者の声は、その理解不足によるものである。

　そこで本書は、筆者が文部科学省委託調査研究の研究代表として実施した全国調査のデータを主に用いて、コミュニティ・スクールの実態や成果・課題などについて明らかにすることとした（第2部）。また、調査結果のみならず、筆者の論考（第1部）やQ&A（第3部）も収めて、読者のコミュニティ・スクール理解を図るよう工夫した。既発表の論考があるため、章節の間に多少の重複があることを予め断っておきたい。

　本書が学校関係者や教育委員会職員、保護者、地域関係者、さらに教育学を学ぶ学生に広く読まれ、コミュニティ・スクール理解と学校改善に資することができれば望外の喜びとなる。

2016年4月　　佐藤晴雄

目 次

第1部

保護者・地域による学校運営参画の意義と現代的特質

第1章

学校のガバナンスと コミュニティ・スクール

1 「よい学校 よい教育」とは何か

　「よい学校」「よい教育」とは何か。教育哲学の問いのようである。しかし、現実を見れば、「児童生徒の学力が高い学校」や「生徒指導上の問題がない学校」が「よい学校」だとされ、そうした学校で取り組まれている教育が「よい教育」だという認識が支配している。全国学力・学習状況調査の結果に一喜一憂する教育関係者の姿は、そのことを裏づける。また、児童生徒指導上の問題が解決すれば、優れた取り組みが行われたものと見なされ、そうした学校は「よい学校」に数えられるだろう。むろん、児童生徒の学力が高く、生徒指導上の問題がないことは、保護者や地域のニーズにもかなう。

　仮にそうした学校が「よい学校」であり、そこで行われる教育が「よい教育」であったとすると、その「よさ」は、教師の指導力だけでなく、校風や児童生徒、保護者、地域の実態にも強く左右され、さらには自治体の財政力の影響も強く受けるはずである。したがって、たとえ教職員の異動があっても、その「よさ」は維持され続けるのが常である。反対に、生徒指導上の課題を抱える学校は、そうした環境の負の影響を強く受けているわけである。

　ようするに、学校における教育力とは、家庭や地域の環境との関係の在り方にも左右されるから、教師の力量に目を向けるだけでは十分でない。例えば、「就学援助を受けている児童生徒の割合が高い学校の方が、その割合が低い学校よりも、教科の平均正答率が低い傾向が見られる」ように [1]、学校外の環境因に学力が左右されるのである。そうし

た意味でも、学校は家庭や地域の実情を確実に把握し、これらと連携していくことが不可欠になるはずである。

2 地域連携と学力

実際、2013（平成25）年度の全国学力・学習状況調査を見ると、テストの正答率が全国平均よりも5ポイント以上高い学校群（A群）は、それが5ポイント以上低い学校群（B群）よりも、地域との関係性をより強く築いている傾向が見出せる[2]。いくつかのデータをあげてみよう。「PTAや地域の人が学校の諸活動（学校の美化など）にボランティアとして参加してくれますか」という質問に、「よく参加」と回答した割合は、小学校では「A群」64.0％・「B群」43.3％で、中学校の場合には同じく53.3％・42.5％となる。また、「前年度にどれくらいの頻度でホームページを更新し、情報提供を行いましたか」の質問に、「週1回以上」と回答したのは、小学校「A群」37.5％・「B群」23.9％、中学校は同じく32.6％・16.2％であった。学校評価に関しても、これを「学校運営の改善に結びつけている」学校は「A群」に多い。

いずれの質問及び校種でも「A群」の回答率が高いことから、保護者を含めた地域人材を活用し、同時に学校情報を積極的に提供するなど地域連携に意欲的で、さらに学校評価を積極的に活用している学校の児童生徒の学力が高い傾向にあるといえる。

その理由として、まず、ボランティアによって学校環境が改善され、その分の業務が軽減された結果、教師が教育指導に向ける時間と労力が

---

1) 文部科学省・国立教育政策研究所『平成25年度　全国学力・学習状況調査報告書－クロス集計－』（2013年）
2) 文部科学省・国立教育政策研究所『平成25年度　全国学力・学習状況調査報告書－質問紙調査－』（2013年）

増したことが考えられる。加えて、整備された環境で学べば、児童生徒の学習意欲も高まるはずである。ある中学校では、一輪挿しを校舎内の要所に設置するフラワーボランティアが活躍している。その結果、生徒たちは心を和ませ、学習に集中するようになっただけでなく、問題行動が目立たなくなったようである。

　特に小学校の場合、授業を支援する学習ボランティアが活動する学校は、学力が高いという結果もある[3]。例えば、プリントのマル付けボランティアが支援すれば、児童は順番待ちをせずに多くのプリント学習が可能になる。農業の学習は、農業従事者の指導の方が効果的である。また、ボランティア活用やホームページ更新頻度は、学校や教師の積極性を表す指標になると同時に、保護者や地域住民の教育への関心を高める役割を果たす。

　ところが、地域連携の取り組みは、教師の異動に左右されやすい。しばしば「先生は風で、地域は土[4]（あるいは大地に根を張る木）」などと言われる。教師は風のように来て、風のように去っていくが、地域に住む子どもや保護者はずっとそこに住み続けることを表した比喩である。地域連携に熱心な教師が異動で転出すると、その取り組みが停滞気味になることが珍しくない。そこで重要な役割を果たすのが、地域連携の仕組みであるコミュニティ・スクールなのである。

3 ┊ コミュニティ・スクールの目的と役割

（1）コミュニティ・スクールの目的

　地方教育行政の組織及び運営に関する法律（以下、「地教行法」という）に基づいて学校運営協議会を設置する公立学校を、コミュニティ・スクールと呼んでいる。「コミュニティ・スクール」という用語は法律

---

3) 文部科学省・国立教育政策研究所・前掲注 2)
4) 志水宏吉『学力を育てる』224 頁（岩波書店、2005 年）

には明記されておらず、文部科学省（以下、「文科省」という）の「手引き」では、「コミュニティ・スクールまたは地域運営学校と称すること」とされている。確かに、「地域運営学校」と称する自治体もあるが、少数派であり、ほとんどの自治体ではコミュニティ・スクールの用語を使い、また文科省もその用語を主として用いている。

　コミュニティ・スクールの対象となるのは、公立の幼稚園から高等学校までの校種と特別支援学校とされ、国・私立学校や大学等は含まれない。国立学校も対象にしている学校評議員とは、その点が異なる。

　コミュニティ・スクールの意義については、2004（平成 16）年の中央教育審議会（以下、「中教審」という）答申「今後の学校の管理運営の在り方について」に記されている。同答申は、「各学校の運営に保護者や地域住民が参画することを通じて、学校の教育方針の決定や教育活動の実践に、地域のニーズを的確かつ機動的に反映させるとともに、地域ならではの創意や工夫を生かした特色ある学校づくりが進むことが期待される」と述べた上で、コミュニティ・スクールの創設を提言した。

　そして、学校評議員については、当初のねらいどおりに運用されていない実態もあることを示し、「学校評議員制度の、校長の求めに応じて意見を述べるという役割を超えて、より積極的に学校運営にかかわることができるような新たな仕組みを検討すべきとの指摘もある」と述べたところである。また、同時に、校長の裁量権拡大も、そのコミュニティ・スクール創設に際して期待されていた。

（2）コミュニティ・スクールの権限（役割）

　コミュニティ・スクールは、学校評議員制度を発展させた仕組みとして 2004（平成 16）年に導入された。学校評議員が「校長の求めに応じて意見を述べることができる」のに対して、コミュニティ・スクールに置かれる学校運営協議会は、次のような権限を有する仕組みとされた。

①校長の作成した学校運営の基本方針を承認すること（以下、「承認」

という）

②教育委員会や校長に学校運営に関して意見を述べることができること（以下「運営意見」）

③教職員の任用に関して任命権者に意見を述べることができること（以下「任用意見」）

このうち、①の「承認」は必須事項であるのに対して、②「運営意見」及び③「任用意見」は「できる」であって、いわば選択的な役割になる。

また、2017（平成29）年の法改正によって、④学校運営協議会は、学校運営及び運営に必要な支援に関して、地域住民、児童生徒・幼児の保護者、その他の関係者の理解を深め、これらの者との連携・協力の推進に資するため、協議結果に関する情報を積極的に提供するよう努めるものとされた。ここに学校支援に関する事項が加えられたのである。

実際には、これらの権限に加えて、学校評価や学校支援などを行う例が少なくない。学校運営協議会は、学校評議員よりも地域連携を実質的に推進する制度だといってよく、「協議会」とはいえ、学校・家庭・地域を結ぶハブ（hub）としての役割を果たすべく実働を展開するようになってきている。

実際に、多くのコミュニティ・スクールでは、学校支援活動に積極的に取り組み、その成果を上げている。学校運営協議会に実働組織として下部組織を設置し、役割を拡大しているところが少なくない。

しかし、コミュニティ・スクールでは学校支援活動が盛んに取り組まれているが、あくまでも保護者や地域住民などの利害関係者（ステイク・ホルダー）による学校運営参画の仕組みであることを忘れてはならない。コミュニティ・スクールをめぐっては、「不要感」、すなわちすでに地域連携が円滑に行われているので必要ないというような認識が根強いが、そこでは単なる地域連携の仕組みにとどまらない、保護者・地域住民が学校の意思決定にも一定のかかわりを持つことを保障する制度で

ある点が見逃されているのである。

4 ┊ 学校を支配するパターナリズム

　各地には、法律に基づかないコミュニティ・スクールも存在している。福井県の福井型コミュニティ・スクールや三重県四日市市の四日市版コミュニティ・スクールなどが、比較的古くからある。これら地方独自の類似型コミュニティ・スクールに共通する点は、教職員の任用意見申出権などを除いていることにある。なぜなら、教職員の任用意見や承認権などが学校運営の混乱を招くのではないかと危惧するからである。ただし、法に基づく学校運営協議会による任用意見の申し出は「できる」であって、「すべき」とは位置づけられていない。

　また、学校運営協議会が学校にかかわるという発想を否定する声もある。あるコミュニティ・スクール校長は、「地域が学校に介入するのではなく、学校、地域、家庭の各役割の明確化と活性化が大切」[5]だと記述する。そこには校長や教師のパターナリズムを読み取ることができる。パターナリズムとは、父権主義とも訳されるように、家庭内で子どもよりも立場が上にある父親が、わが子のためだという理由から、子どもの意思にかかわらず子どもに関与できるという考え方のことである。そうした父親は、子どもに口出しをさせたがらない。伝統的な教師には、そのパターナリズムが支配していた。

　確かに、ある程度のパターナリズムは必要だが、だからといって、外部の関与をすべて否定するのは望ましくない。近年、教職員のセクシュアル・ハラスメント（以下、「セクハラ」という）やわいせつ行為が目立ち、また体罰もなかなかなくならず、不適格教師の存在も明らか

5）コミュニティ・スクール研究会編『平成23年度文部科学省委託調査研究－コミュニティ・スクールの推進に関する教育委員会及び取組の成果に関する調査研究報告書（別冊）』（日本大学文理学部、2012年）。以下、校長意見の引用はこの文献による。

にされてきているからである。

　かなり前の例だが、修学旅行中に体罰で生徒の命を直接奪った教師、校門で生徒を圧死させた教師がいた。被害に遭った生徒は、楽しみにしていた修学旅行や毎日通る校門で、まさか命を失うとは夢にも思っていなかっただろう。最近では教師の体罰が原因で自殺した生徒の事件が問題視された。2014（平成26）年には、覚醒剤所持により逮捕された校長、女子更衣室やトイレを盗撮した校長や教頭の事件も報道された。授業に不熱心な教師も珍しくない。

　そうした背景の一つに、学校という閉鎖空間内におけるパターナリズム支配がある。学校は外部の目や関与から逃れた空間だからこそ、いろいろな問題を生起させやすい。だからこそ、保護者や地域住民などのステイク・ホルダーが学校にかかわる必要がある。

5 ｜ 学校のガバナンスから見た コミュニティ・スクールの意義

　学校のパターナリズム支配は、学校のガバナンスの観点から変えられる必要がある。学校のガバナンスは、様々に定義されているが、学校の運営過程に保護者・地域住民などの多様なステイク・ホルダーが参画し、学校との相互協力を図りながら学校改善のアイデア創出に努め、モニタリングと評価を通して自律的学校経営を目指す考え方だと定義しておきたい。そこには①「規律付け」と②「新しい公共」という二つの意義がある。「規律付け」とは、学校を外部からモニタリングし、その運営が適切になされるよう促すことをいう。例えば、学校の基本方針が地域の実情に即しているか、学校目標がどこまで達成されているのか、あるいは学校に問題がないかなどをチェックすることである。学校関係者評価はまさにそのツールの一つである。教師の体罰やセクハラをはじめとする非行も、その「規律付け」がなされていれば、かなり改善されるはずである。「規律付け」というと語感が強いので、「可視化機能」程度

に解した方がよいかもしれない。

　保護者や地域住民などの多様な属性を持つメンバーが参画することは、「新しい公共」の概念にも符合する。そこでは、「三人寄れば文殊の知恵」のような優れた「知恵」やアイデアが生まれやすい。学校のことを教師集団だけで考えても限界がある。今日の教育問題は、学校内にとどまらず、福祉や経済（子どもの貧困など）などの分野にもかかわり、家庭や地域社会の影響を強く受けているからである。

　コミュニティ・スクールは、これら二つの意義を最もよく具現化できる制度である。「承認」は、基本方針を委員に提示する行為を通じて「規律付け」機能を担い、同時にそこに至る過程で適切な知恵を生み出す点で「新しい公共」につながる。「運営意見」は、問題点の指摘であれば「規律付け」になり、アイデアの提案であれば「新しい公共」につながる。「任用意見」は、任用意見自体が「規律付け」になり、また希望する教師の着任が実現すれば、ステイク・ホルダーの意向の反映という「新しい公共」にもつながることになる。そこに、学校のガバナンスから見たコミュニティ・スクールの意義がある。しかも、コミュニティ・スクールは、教師の異動にもぶれない家庭・地域連携の制度なのである。

6 学校で支援できない児童への対応

　京都市のコミュニティ・スクールの指定を受けた小学校の例を紹介しよう。この小学校は、公営住宅に住む児童を多く抱え、要保護・準要保護家庭が7割を超え、さらに外国籍関係や被虐待認定の児童も少なくない。そのためか、児童は学ぶ意欲や自尊感情が低く、生活習慣が定着せず、学力も高くない。また、大人（保護者など）の学習支援力や家庭の教育力が不十分だという問題も目立つ。校長は学校だけでは支援しきれない児童や家庭に対して、放課後や夜間、休日にも支援できる人材と場の確保の必要性を感じた。そこで、地元のNPOで活躍している社

会福祉士に学校運営協議会理事長を依頼して、コミュニティ・スクール
を立ち上げたのである。

　理事長は社会福祉の専門家であるから、そうした児童をめぐる状況
は教師以上に詳しい。その理事長のアイデアと知識を得ながら、様々な
連携のパイプづくりを学校運営協議会を軸に進めていくと、次第に「学
校は地域とともにある」という意識が校内外に広がった。指定から1
年経った現在、保護者や住民、大学生など多様な人たちがかかわるよう
になり、子どもたちに「笑顔」と「落ち着き」が見られてきたようであ
る。コミュニティ・スクール指定によって、学校は家庭や地域も変えて
いくのである。そこには、多様な人が学校にかかわるという「新しい公
共」の考え方があり、児童の問題を学校運営協議会で協議するという点
で「規律付け」がなされている。

7 「懸念」から「期待」へ

　前述したように、外部による学校へのかかわりを拒否し、それでよ
しとする校長の多くは、単に校区環境や児童の家庭環境が恵まれている
に過ぎないのではないだろうか。あるいは、抱えている問題を自覚でき
ていないか、問題が多すぎて外部に触れさせたくないのかもしれない。

　また、地域連携に否定的な教師もいまだ存在する。しかし、前述の
学力調査の結果を考えれば、そうした教師は児童生徒の学力向上にブ
レーキをかけている可能性がある。

　あるコミュニティ・スクール校長は、「制度の一番のメリットは、従
来の学校の古い体制を打破して、学校改革の歩みを速くすることにある
と考えます。職員全体が共通理解しないと先に進めないという状況か
ら、子どもたちを主体にし、地域の協力をいただき、学校が大きく変わ
ろうとしています」と記述している（2015年調査中の自由記述）。ま
さに「規律付け」と「新しい公共」機能によって学校改善がなされたの
である。そうした学校こそが「よい学校」なのではないだろうか。

　しかし、コミュニティ・スクールではない校長には、コミュニティ・スクールに対しての「地域のエゴが学校運営に支障をきたすのではと強く感じる」、「派手なパフォーマンスが横行することを危惧する」と否定的な考えを持つ者もいる。だが、コミュニティ・スクールでそうした問題が指摘された例を筆者は知らない。また、「地域エゴ」や「派手なパフォーマンス」は、コミュニティ・スクールに限った問題ではないはずである。

　そうした懸念は、今から 30 年以上前に小学生の間で噂になった「口裂け女」を想起させる。誰も見たことがないのに、口が大きく裂けた女性が子どもたちに害をなすという噂である。コミュニティ・スクールを「口裂け女」のレベルで語っては、いかにも子どもっぽい。実際、筆者が研究代表を務めたコミュニティ・スクール調査では、指定前の課題認識が、指定後には明確に薄れていることが明らかになった [6]。コミュニティ・スクールに対する関心が少しでもあれば、「懸念」よりも、「よい学校」への「期待」に目を向けてみることが大切だと思われる。

---

6) 文部科学省『コミュニティ・スクール』2 頁（2015 年）に引用されている。

コミュニティ・スクール制度の制定過程

第2章では、コミュニティ・スクール制度化過程をあらためて取り上げるが、国会等での審議過程は先行研究によって明らかにされていることから、ここではスクール・ガバナンスとソーシャル・キャピタルの二つの視点に焦点を当てながら、特に筆者自身が直接指導的立場でかかわった経験も踏まえて、従来見落とされがちであった部分を中心に考察していくことにする。

1 教育改革国民会議から中央教育審議会答申と法改正

(1) 二つのコミュニティ・スクール論

わが国におけるコミュニティ・スクールは、戦後直後にカリキュラム改革運動の一環として試みられ、その後、学校と地域社会の関係性の希薄化の時代を経て、1980年以降は地域活性化と連動した事業として再登場し、さらに「開かれた学校づくり」という「教育論」（学校・地域連携論）を拠り所とするインフォーマルな自称型として再々登場した。中教審は、むしろこの路線でコミュニティ・スクールを捉えていたといってもよい。

一方、教育改革国民会議提案を契機に、学校評議員の発展型とする「政策論」（学校の制度的改革）に根付いたフォーマルな学校運営協議会の仕組みの創設という形で、コミュニティ・スクールは制度化に至った。この政策路線は官邸主導型という言い方で前者と対比できる。

つまり、「教育論」と「政策論」としてのそれぞれのコミュニティ・

スクールは、源流を異にするものであったが、東京都三鷹市立第四小学校をはじめとする一部地域では、結果として両者を結合させた形でコミュニティ・スクールを導入した。だが、岩手県の「いわて型コミュニティ・スクール」のように、「教育論」として学校・地域連携実践を推進している例もある。このように、現在のコミュニティ・スクールはその二面的要素を含みながら制度化され、運営されているのである[7]。

　「教育論」に根付くコミュニティ・スクールは、ソーシャル・キャピタル（人的ネットワークなどの社会関係資本）型で、「政策論」に根付くそれは、スクール・ガバナンス型だという差別化も可能である。以下、これら二つの視点からコミュニティ・スクールの成り立ちを探っていきたい。

〈1〉「教育論」としてのコミュニティ・スクール

　三鷹市で最初に指定校となった第四小学校は、「教育論」としてのコミュニティ・スクールの代表例だといってよく、1999（平成11）年から学校・地域連携型のコミュニティ・スクールの創造に取り組み、その後、コミュニティ・スクールの普及に際してモデル的な役割を果たしていく[8]。とりわけ、「教育ボランティア」と称される学校支援ボランティアの取り組みは、授業にも深くかかわるもので、全国から注目を浴びることになる。このほか、福岡県大野城市立月の浦小学校の「コミュニティ・スクール月の浦」[9] など各地の自称型コミュニティ・スクールがこの系譜を持つ。

　この系譜は、どちらかといえばソーシャル・キャピタルを志向しながら、実践レベルで法制度上のコミュニティ・スクールの指定にたどり

---

7) 佐藤晴雄編著『コミュニティ・スクールの研究』3-4頁（風間書房、2010年）

8) 貝ノ瀬滋編著『子どもの夢を育むコミュニティースクール―教育ボランティア連携の手引き』（教育出版、2003年）

9) 嶋野道弘・寺尾慎一・大野城市立月の浦小学校『21世紀型コミュニティ・スクールの創造』（明治図書出版、2000年）

着いた例が珍しくない。後述する「政策論」は直接法制度化を導いたのに対して、「教育論」の側面においては、学校・地域連携実践の発展を経て、コミュニティ・スクール化に帰結するのである（図1）。

図1　コミュニティ・スクール制度の系譜

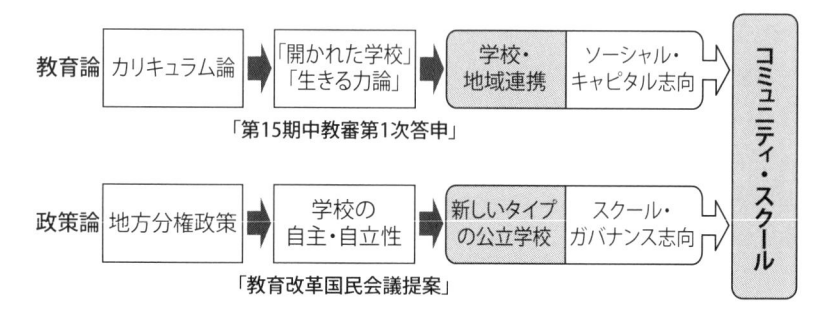

〈2〉「政策論」としてのコミュニティ・スクール

　一方、地方分権化の中で、1998（平成 10）年に中教審答申「今後の地方教育行政の在り方について」は、「学校の自主・自律性の確立」を求め、学校評議員制の創設を提言した。学校評議員制度は、合議制とされず、また積極的な意見申し出権が与えられないような不完全な形ではあるにせよ、ガバナンスの仕組みとして初めて創設された制度になる。その背景には、政策上のガバナンス論の主張が見られた。

　その後、教育改革国民会議が「新しいタイプの公立学校」の創設を提案すると、これを受けた形で、文部科学省（以下、「文科省」という）による実践研究指定校の試行的取り組みが開始し、3 年の調査研究期間を経て、2004 年 6 月の地方教育行政の組織及び運営に関する法律（以下、「地教行法」という）の一部改正によって学校運営協議会が制度化された。このタイプのコミュニティ・スクールはいわば「政策論」に属し、ガバナンスを志向する仕組みになる。

　その 2 年前の 2000（平成 12）年度から導入された学校評議員制度は、現行コミュニティ・スクール制度との直接のつながりはないとはい

え、保護者・地域による学校運営参画という目的に注目すれば、コミュニティ・スクール制度化に至る「露払い」の役割を果たしたと見ることができる。葉養正明は、制度化の短い間に指定・検討校が急増した事実をコミュニティ・スクールが学校評議員制度の原理とまったく異なる学校管理機関の発生による結果だと見ることができない、つまり、原理的に両者は共通項を有する制度であり、コミュニティ・スクールが学校評議員制度の発展形であるという見方を暗示した[10]。実際、コミュニティ・スクール導入に伴い、学校評議員を廃止ないしは機能停止した学校が少なくない。

　2004（平成 16）年の中教審答申「今後の学校の管理運営の在り方について」は、「学校評議員制度については、その意見を踏まえて教育内容の改善を行うなど、大きな成果を上げる学校があるものの、運用上の課題を抱え、必ずしも所期の成果を上げ得ない学校もある。また、学校評議員制度の、校長の求めに応じて意見を述べるという役割を超えて、より積極的に学校運営に関わることができる新たな仕組を検討すべきとの指摘もある」と述べている。この文脈からも、学校評議員の後継的制度としてコミュニティ・スクールが位置づけられているといえる。

　このように、「教育論」と「政策論」という二つの流れは、結局コミュニティ・スクールにたどり着くことになったが、関係者のその受け止め方に複雑な違いを生む背景にもなっている。すなわち、「政策論」の根底にあるスクール・ガバナンスを避けようとする立場からはソーシャル・キャピタルを重視する「教育論」が選択されるが、この場合には、さらにコミュニティ・スクール指定の有無という選択を迫られる。コミュニティ・スクールを選択しても、むしろソーシャル・キャピタルの側面を重視して、その拡大と充実をその制度に期待する例は少なくない。

---

10)　葉養正明『よみがえれ公立学校—地域の核としての新しい学校づくり—』170頁（紫峰図書、2006 年）

他方では、スクール・ガバナンスを重視して受け止めてコミュニティ・スクールを選択する立場がある。この場合にも、ガバナンスに特化した活動を選択する方向と、学校支援地域本部等のソーシャル・キャピタルとの関連づけに努める方向に分けられる。前者の方向を採るのは中学校に多いとされる[11]。

（2）コミュニティ・スクール（地域運営学校）の創設提案とその役割期待

〈1〉教育改革国民会議の提案

　2000（平成 12）年 12 月の教育改革国民会議の提案は、地域独自のニーズに基づき、地域が運営に参画する新しいタイプの公立学校（コミュニティ・スクール）の設置の可能性を検討するよう、次のように促した。

　◎新しいタイプの学校（"コミュニティ・スクール"等）の設置を促進する
　新しいタイプの学校の設置を可能とし、多様な教育機会を提供する。新しい試みを促進し、起業家精神を持った人を学校教育に引き込むことにより、日本の教育界を活性化する必要がある。
　（1）（2）略
　（3）地域独自のニーズに基づき、地域が運営に参画する新しいタイプの公立学校（"コミュニティ・スクール"）を市町村が設置することの可能性を検討する。これは、市町村が校長を募集するとともに、有志による提案を市町村が審査して学校を設置するものである。校長はマネジメント・チームを任命し、教員採用権を持って学校経営を行う。学校経

11）西川信廣「保護者や地域と学校が『共創』する新しいタイプの学校」天笠茂編集代表・小松郁夫編著『学校管理職の課題 2「新しい公共」型学校づくり』（ぎょうせい、2011 年）、屋敷和佳「学校運営協議会活動の模索と成果・課題―杉並区向陽中学校における 6 年間―」『日本教育経営学会紀要』55 号（2011 年）

営とその成果のチェックは、市町村が学校ごとに設置する地域学校協議会が定期的に行う。

　文中では、「地域学校協議会」と記されているが、その後の法改正においては「学校運営協議会」に改められる。

　この提案を受けた文科省は2001（平成13）年1月に「21世紀教育新生プラン」を策定し、前記中教審答申はこのプランに即してコミュニティ・スクール（地域運営学校）のアイデアを具体的に提言した。この提案者である金子郁容委員が特に強調したのは、校長の人事権の強化であった。金子は自らの私立学校長経験を踏まえて、「学校の全責任を任されている校長が自ら管理する学校の教職員を自分で選べない現実に疑問を強く感じたからだ」と言う。

　また、「(3)」の中に、「有志による提案を市町村が審査して学校を設置するもの」という文言は、チャーター・スクールのアイデアが含まれていることを示している

〈2〉コミュニティ・スクールの役割への期待

　それでは、本書で取り上げるコミュニティ・スクールはどのような意義を持ち、また、どのような背景から登場したのか。もう少し具体的に述べておこう。

　2004（平成16）年の地教行法改正前の同年3月公表の中教審答申「今後の学校の管理運営の在り方について」は、地域が運営に参画する新しいタイプの公立学校である「学校運営協議会」の設置を提言した。現在、同協議会を設置した学校を教育委員会の判断で「地域運営学校」や「コミュニティ・スクール」などと称することができるとされる。同答申は、「公立学校の管理運営に保護者や地域住民が参画することにより、学校の教育方針の決定や教育活動の実践に、地域のニーズを的確かつ機動的に反映させるとともに、地域の創意工夫を生かした、特色ある学校づくりが進むこと」を期待する。具体的には学校運営協議会を置く

ことによって、保護者や地域の学校運営への参画を制度的に保障しよう
とするのであった。その学校運営協議会は、従来の学校評議員制度とは
異なり、校長や教職員の人事に関する教育委員会への意見提出権を持
ち、学校が示す教育課程等を承認する権限も与えられている。その意義
について、同答申は次のように述べる。

　各学校の運営に保護者や地域住民が参画することを通じて，学校の
教育方針の決定や教育活動の実践に，地域のニーズを的確かつ機動的に
反映させるとともに，地域ならではの創意や工夫を生かした特色ある学
校づくりが進むことが期待される。学校においては，保護者や地域住民
に対する説明責任の意識が高まり，また，保護者や地域住民において
は，学校教育の成果について自分たち一人一人も責任を負っているとい
う自覚と意識が高まるなどの効果も期待される。
　さらには，相互のコミュニケーションの活発化を通じた学校と地域
との連携・協力の促進により，学校を核とした新しい地域社会づくりが
広がっていくことも期待される。
　　　　（2004（平成16）年 中教審答申「今後の学校の管理運営の在り方について」）

　すなわち、学校運営協議会設置の意義は、①地域のニーズを反映さ
せた教育活動を展開すること、②地域ならではの特色ある学校づくりを
展開すること、③保護者・地域住民に対する説明責任を果たすこと、④
保護者・地域住民が学校教育について自覚と意識を高めるようにするこ
と、⑤学校を核とした地域社会づくりの広がりが期待されることなどの
点にあるとする。なお、この場合の地域社会とは、通学区域程度の範囲
が想定されている[12]。

12）文部科学省『コミュニティ・スクール設置の手引き』2004年9月版

2 コミュニティ・スクール （地域運営学校）創設の背景

(1) 実践研究指定校の取り組み

　コミュニティ・スクールを「地域に開かれた学校づくり」のアイデアと重ね合わせれば、そのアイデアは突如登場したわけではない。まず、臨時教育審議会（臨教審）第三次答申（1987（昭和62）年）は、「学校の管理・運営への地域・保護者の意見の反映等をはじめとする開かれた学校経営への努力」を提言し、2006年の中教審第一次答申は、学校・家庭・地域社会の連携をこれまでにないほど重視した。その後、2010年の中教審答申「地方教育行政」は、学校の自主・自律性を確立するために、地域住民の学校運営への参画を重視し、その具体策として学校評議員制度の設置を提言した。学校評議員制度は、「校長の求めに応じて意見を述べる」とされていたためか、積極的な意見が出されにくい仕組みとして受け止められ、実質的に機能しているとはいえない実情にあった。

　この間、教育改革国民会議の提案を具現化するための施策として、文科省は「新しいタイプの学校運営の在り方に関する実践研究校」を、30件の応募の中から全国7地域9校を選定して指定し、実践研究指定校に以下の実践研究課題に取り組むことを課題として示していた。

①学校の裁量権の拡大
　都道府県及び市町村教育委員会の協力体制を整備しつつ、人事・予算面及び教育課程の編成の面で、校長の意向を尊重し、学校の裁量権拡大を主とした研究を実施する。

②学校と地域（コミュニティ）との連携
　学校における地域人材の積極的な活用や、学校の教育活動について評価を行う地域学校協議会の設置など、学校と地域の連携を主とする研究を実施する。

③その他学校運営に関する事項

　上記①、②のほか、自治体及び学校の提案による学校運営の改善に資する研究を実施する。

　ここでは学校裁量権の拡大とともに「地域学校協議会」の設置が一つの重要課題とされていたのである。

　実践研究指定校は表1に記したように、東日本は秋津小学校と五反野小学校の2校のみで、残り7校が西日本に集中する結果となった。また、人事についても言及されていることから、校長公募を試みるところもいくつか現れた。民間人校長の任用は、五反野小学校、光洋中学校、土堂小学校で行われることになる。

　「②学校と地域（コミュニティ）との連携」に関する課題に、地域人材活用等が一つの取り組み例に加えられているように、学校支援活動などソーシャル・キャピタルの要素がすでに用意されていた。したがって、地域人材活用の視点から多くの学校で地域連携活動が熱心に取り組まれていくのである。

　実践研究指定校の一つである東京都足立区立五反野小学校は、公立学校初の「学校理事会」を設置し、そこに校長人事にかかわりを持たせるなど新たな試みを進めていく。この学校理事会は、2004（平成16）年の中教審答申が提言することになる学校運営協議会の考え方につながったのである。

　そして、実践研究2年目が終わる2004（平成16）年3月、中教審答申は学校運営協議会の設置を提言し、その役割を具体的に示し、さらに学校の裁量権拡大の方向性を示した。こうして、現在のコミュニティ・スクール制度の形ができ上がったわけである。

　ようするに、ソーシャル・キャピタルの形成・拡充の側面については、コミュニティ・スクールの制度像がまだ固まらない時期から、すでに想定されていたことになるが、その側面だけが重視されると、制度構想のそもそもの意義が消失するおそれがあることから、「構想」の意図

に忠実に取り組んだ五反野小学校の実践が、その後の法制化の決定要因
として機能したものと、筆者は解している。

表1　文科省「新しいタイプの学校運営の在り方に関する実践研究校」
-2002 ～ 2004 年度研究校一覧と実践研究内容の概要 -

指定校名	実践研究内容
千葉県習志野市立秋津小学校	○保護者や地域住民が参画する学校運営の在り方 ○学校融合による教育活動の開発実践、学校教育・生涯学習の充実・活性化 ○校長の意向を尊重した教職員の人事 ○柔軟なカリキュラムの編成
東京都足立区立五反野小学校	○学校情報を保護者・地域に積極的に公開し、説明責任を果たすとともに透明性のある信頼される学校づくり ○弾力的な予算執行を可能とする予算編成等の学校裁量権の拡大措置 ○開かれた学校づくり協議会が行う授業診断、学校評価と学校の自己評価と連携を図りながら、評価システムを構築 ○学校理事会の機能が十分発揮されるような組織マネジメントなどの理事対象の研修体系を整備・実施
三重県津市立南が丘小学校	○南が丘地域教育委員会の設置による地域住民や保護者の意見反映、学校運営への参画の在り方 ○学校説明会、学校公開デーの実施等、より積極的な情報発信の在り方 ○学校自己評価（課題別評価と学級・教科経営案）の研究・実施 ○学校評議員に地域組織を活用し、地域住民の学校運営参画意識の高揚を図る
和歌山県新宮市立光洋中学校	○地域の清掃活動に生徒がボランティアで参加など ○学校運営協議会が教育後援会や劇団を招聘して観劇会を主催 ○地域交流の「交流綱引大会」を学校運営協議会が中心となり開催し、4,000名以上が集う ○民間人校長の登用
京都府京都市立御所南小学校	○地域学校協議会「御所南コミュニティ」の効果的な運営、委員の公募、ボランティアの募集など ○地域学校評議会「御所南コミュニティ」が学校のカリキュラムに沿って、教職員とともに授業や事業の計画を立てる ○地域学校評議会「御所南コミュニティ」の理事会が、校長や教員代表とともに、公募した教員・講師の面接及び予算の検討・執行の評価を行う ○教員公募の実施
岡山県岡山市立岡輝中学校	○「シニアスクール」の立ち上げ、NPO 法人化 ○「児童・生徒支援ネットワーク会議」の開催
同市立清輝小学校	○コミュニティファンドの研究 ○地域学校評議会の設置と学校運営への参画
同市立岡南小学校	○「岡輝版子育て法」の活用による一貫教育の研究
広島県尾道市立土堂小学校	○「土堂小学校地域学校協議会」の設置 ○学校の運営方針を明確にし校長任用候補者の特別選抜の実施 ○校長の経営ビジョン・自校の研究概要を公表し、希望する教職員や校長の意向を尊重した教職員の配置 ○地域学校協議会の役割と効果的な運用

(2) 日本版チャーター・スクールとしての
コミュニティ・スクール構想

　しかしながら、コミュニティ・スクール制度創設の過程では、チャーター・スクールとの関係が注目された。金子が提案したコミュニティ・スクールは、もともと自身が述べているように [13)]、アメリカのチャーター・スクールとイギリスの学校理事会の要素とを重ね合わせた仕組みとして構想されていたためか [14)]、チャーター・スクールとコミュニティ・スクールとの違いが明確にされないまま、日本版チャーター・スクールという独自の言い方で創設に向けた取り組みが進むのであった。しかし、その過程で、コミュニティ・スクールをめぐる捉え方に違いが現れ、金子・鈴木が「地域のニーズに機動的に対応する」ことを期待したのに対して、総合規制改革会議は新しいタイプの学校を創立して、「伝統的な公立学校との共存状態を作り出すことにより、健全な緊張感のもと、それぞれの学校間における切磋琢磨を生み出す」ところに力点を置いたと指摘されている [15)]。結果として、地域のニーズへの対応を重視するタイプのコミュニティ・スクールが誕生したのである。

　黒崎勲 [16)] はその点について、総合規制改革会議が既存の公立学校の枠組み外に新たな学校としてチャーター・スクールの創設を求めたのに対して、文科省が既存の制度の中で地域による学校運営参加を可能にする自律的学校経営の仕組みを主張し、結局、中教審「素案」のコミュニティ・スクールが「チャーター・スクールの方向を閉ざし、自律的な学校経営と学校運営への地域参加という従来の文科省のイニシアチブによる改革の範囲に止まる」ものだと批判した。

---

13) 金子郁容・渋谷恭子・鈴木寛『コミュニティ・スクール構想』123頁（岩波書店、2000年）
14) 金子は、構想当初のコミュニティ・スクールに「アメリカのチャーター・スクールの考え方を採り入れた」と述べている（金子ほか・前掲注13) 123頁）。
15) 黒崎勲『新しいタイプの公立学校』47頁（同時代社、2004年）
16) 黒崎・前掲注15) 47頁

　総合規制改革会議の 2001（平成 13）年 7 月 24 日公表の「重点 6 分野に関する中間とりまとめ」は、コミュニティ・スクールに関して、次のように述べていた。

　昨年 12 月の教育改革国民会議報告において「設置の可能性を検討する」とされた「地域独自のニーズに基づき、地域が運営に参画する新しいタイプの公立学校（"コミュニティ・スクール"）」を市町村が設置することができるよう、法制度整備を含めて積極的に検討を行うべきである。【平成 14 年度中に検討】

　他方、現行法制の下においても、校長を公募し、教員について校長の推薦が尊重されるとともに、学校と協力して運営に当たる「地域学校協議会」を学校ごとに設置するなどの仕組みを備えた、自主的な学校運営の実験を行うモデル校作りを早急に推進するべきである。【平成 14 年度中に実施】

　この引用部の前段は、現行公立学校とは異なる「新しいタイプの公立学校」の「設置」を促し、チャーター・スクール的要素を持つ学校をイメージさせているのに対して、後段は、「現行法制の下において」、その後の学校運営協議会となった「地域学校協議会」の設置を求めている。つまり、コミュニティ・スクールと地域学校協議会は異なる存在と見なされ、コミュニティ・スクールを前段のチャーター・スクールのように捉えていたことがわかる。その年の 12 月にまとめられた「規制改革の推進に関する第 1 次答申」においては、もはやチャーター・スクール的な学校のアイデアは除外され、以下のような文面に改められた。

　新たなタイプの公立学校である「コミュニティ・スクール（仮称）」の導入については、地域や保護者の代表を含む「地域学校協議会（仮称）」の設置、教職員人事や予算使途の決定、教育課程、教材選定やク

ラス編制の決定など学校の管理運営について、学校の裁量権を拡大し、保護者、地域の意向が反映され、独自性が確保されるような法制度整備に向けた検討を行うべきである。【平成 15 年中に措置】

　ここにきて、チャーター・スクールと地域学校協議会が統合されたとも解せるが、正確にいえば、チャーター・スクール的な要素を除かれた「コミュニティ・スクール」が、「地域学校協議会」等の取り組みに転移したといえるのである。

　その後、実践研究指定校の一つである足立区立五反野小学校は、「学校理事会の目的は、保護者・地域代表による「地域立」の学校づくりです」[17] と述べたように、「地域立」学校だとアピールしたのは、チャーター・スクールのイメージが残存していたからだと考えられる。コミュニティ・スクールは既存の公立学校の枠組みの中に位置づけられたため、正確な意味では「地域立」はあり得ないのであるから、それはチャーター・スクールのイメージから抜け切れなかったのである。

　五反野小学校の実践研究期間中に、現職の文部科学大臣や文科省幹部が何度も同小学校を訪れ、また初等中等教育局教育制度改革室長が運営指導委員会等に出席するなど、文科省は同小学校の実践研究に注目していた事実がある。その注目の対象になったのが、2003（平成 15）年 1 月に創設された学校理事会である。

---

17)　足立区立五反野小学校理事会『コミュニティ・スクールへの挑戦（文部科学省実践研究指定・研究報告書）』2 頁（足立区教育委員会、2005 年）。「地域立」という言葉を当時の大神田理事長は盛んに用いているが、定義ははっきりしない。ただ、その言葉は、おそらく金子郁容のコミュニティ・スクール構想への誤解から生じたように思われる。つまり、金子は地方自治体がコミュニティ・スクールの設置を決めて、これに対して地域とのかかわりのある有志が応募して設立される学校だと述べ、いわばチャーター・スクール的な学校をイメージしていた。その意味で「地域立」と解すべきであったが、五反野小学校学校理事会は地域が既存の学校運営に強くかかわることを「地域立」だと解したものと思われる。なお、埼玉県志木市では 2004（平成 16）年に「地域立学校」を教育特区構想に据えていた。

　実際に五反野小学校の取り組みが地教行法改正審議過程で議論対象になり、その実践が地教行法改正の下敷きになったとされる[18]。改正された地教行法で定められた学校運営協議会の権限に関する条文は、五反野小学校の実践的裏づけによるものと考えられる。例えば、学校運営協議会の承認権に関しては、実際に、五反野小学校で学校理事会が学校予算や教育課程の承認を行っていた[19]。そのことを認識していた同小学校の学校理事会は、指定第1号になるよう強く教育委員会に働きかけ、2004（平成16）年11月9日に晴れて同小学校はコミュニティ・スクール第1号に指定されたのである。なお、当時の学校理事会理事長は、教員の任用に関する意見申し出の権限が「予測していなかったもの」と述べるが[20]、もともと国民会議報告には校長による教員採用権が示され、また五反野小学校では校長及び非常勤講師の公募を試みた実績があったことを考えれば、任用に関する意見申し出権は、必ずしも「予測」を超えた唐突な決定だとはいえない。

（3）学校支援活動を推進するコミュニティ・スクール

　だが、五反野小学校では、地域等による学校支援活動が活発だったわけではない。コミュニティ・スクールの実践研究校で学校支援活動を積極的に展開したのは、京都市立御所南小学校である。同小学校では、19の実働組織（コミュニティ）からなる地域学校協議会である「御所南コミュニティ」によって、学校支援など地域連携活動が積極的に取り組まれた。実働組織の「コミュニティ」は、「学びコミュニティ」から「町づくりコミュニティ」にわたる実働を担う組織とされ、多様な活動を幼稚園・中学校（御池中学校）・同中学校区小学校（高倉小学校）との連携も含めて大々的に展開していった。同小学校は2004（平成16）

18）足立区立五反野小学校理事会・前掲注17)45頁

19）足立区立五反野小学校理事会・前掲注17)10-12頁

20）大神田賢次『日本初の地域運営学校』166-167頁（長崎出版、2005年）

年 11 月 26 日に、御池中学校、高倉小学校とともに第 2 号の指定校を受けて学校運営協議会を設置すると、「御所南コミュニティ」の理事会を学校運営協議会に移行していったのである。

　御所南小学校は研究課題の一つである「地域人材の活用」に重点を置き、実践研究を展開したことで注目された。西川信廣は、学校支援を主軸に置くコミュニティ・スクールのタイプを関西型と称し、その存在意義を認めつつもスクール・ガバナンスの視点を欠くべきでないと論じるが [21]、そもそも関西型のコミュニティ・スクールの出現は御所南小学校の取り組みが大きく影響したと捉えてよい。確かに、筆者らの調査でも学校支援活動が活発なのは関西地方であることが明らかにされたが、関西型出現以後には、各地のコミュニティ・スクールでも学校支援に取り組むようになり、あるいは学校支援活動が活発な学校がコミュニティ・スクールに指定されるようになる。

　京都市をモデルにした福岡県春日市の場合、日の出小学校や春日西中学校など比較的早くから指定された学校では（2005（平成 17）年）、学校運営協議会の下に実働組織として各種「コミュニティ」を設置し、学校支援活動を展開するという、学校運営協議会をいわば学校応援団として機能させている [22]。また、学校支援ボランティア活動を積極的に展開した後にコミュニティ・スクールの指定を受けた例としては、東京都三鷹市立第四小学校が代表例になる。同小学校は 2006 年 10 月にコミュニティ・スクールに指定されたが、それ以前の 1999 年頃から「教育ボランティア」が年間 2,000 人近く活動するような、学校支援活動の先進校として知られていた。指定後は、新たにコミュニティ・スクールの指定を受けようとする学校の視察を多く受け入れ、学校支援を採り入れたコミュニティ・スクールの一つのモデルと見なされるようになる。

21）　西川信廣「（公開シンポジウム）コミュニティ・スクールとスクールガバナンス―関西地方の事例から―」『日本教育経営学会紀要』54 号（2012 年）
22）　春日市教育委員会編著『春日市発！コミュニティ・スクールの魅力』（ぎょうせい、2011 年）

(4) コミュニティ・スクール構想のゴール

　以上のような経緯を経て法制化されたコミュニティ・スクールは、金子・鈴木らの構想とはやや異なる形になったのである。

　表 2 は、金子郁容・鈴木寛らの構想（左欄、以下、「金子案」とする）[23] と法制化された現行制度（右欄）のそれぞれの特徴を比較できるように記したものだが [24]、この比較表を見ていくと、まず「設置主体」から多少のズレが認められる。金子案では「市町村（都道府県・広域市町村組合）」とされているのに対して、現行制度は「設置者」ではなく「指定者」を「教育委員会」としている。金子案では「校長の権限」に人事権が含まれているように、それが強化されているが、現行制度では校長権限が定められず、学校運営協議会の「承認」を得ることが役割として与えられているに過ぎない。「協議会」の役割・権限についても金子案では拡大され、人事の承認や校長の罷免権までも含むものとされていた。

　金子案にはチャーター・スクール的要素が含まれていたために、校長と協議会の権限がかなり強化されていたわけである。これに対して、現行制度はそれら権限のトーンが緩和され、ガバナンスよりもソーシャル・キャピタルの形成・拡充を志向することになったのである。むろん、金子らの構想と創設された制度には保護者の「教育参加」ルートが開かれているとはいえ、そもそも前者の案は「参加論」からの発想というよりも、校長の裁量権拡大の視点から発想されたのである。

　この現行制度の土台となった、五反野小学校における学校理事会の創設過程を次節で取り上げることにしよう。

---

23) 金子ほか・前掲注 13)

24) 佐藤晴雄「地域主権とコミュニティ・スクール」日本学習社会学会編『学習社会と地域主権』48 頁（学事出版、2010 年）

表 2 金子・鈴木・渋谷 (案) と現行制度との比較

	金子・鈴木・渋谷（案）	現行制度
設置主体	市町村（都道府県・広域市町村組合）	教育委員会（指定者）【法第47条の5関係】
設置手続き	新しい校長・学校づくりプランを公募し、これら応募した有志グループが応募し、設置者が審査。市民発議も可能。	教育委員会規則によるが、市町村教育委員会の場合には事前に都道府県教委との協議を必要とするが、必ずしもその同意を要する訳ではない。【手引き】
校長の権限・役割	（権限） ・教員採用権 ・学校割り当て予算の範囲内で裁量	（役割） ・基本的な方針を作成し、学校運営協議会の承認を得る。【法第47条の5関係】 （・学校の自己点検・評価の実施）【手引き】
協議会の性格と役割・権限	「地域学校協議会」 ・委員　校長・教員代表、地域代表、保護者代表等を含む ・委員報酬　無報酬 ・役割・権限 ①校長から提示された人事の承認 ②校長から提示された教育計画や予算案の承認 ③教育成果の評価 ④評価結果によっては学校に改善計画の提出を求める ⑤改善がみられない場合には、校長等の罷免勧告を設置者に行える	「学校運営協議会」 ・委員　地域住民・保護者・その他【法第47条の5関係】 ・委員報酬　特に定められず（有償もあり）【同上】 ・役割・権限 　①職員の任用等に関して任命権者に意見を述べる（任命権者はその意見を尊重する）。【同上】 　②校長が作成した基本的な方針等を承認する。【同上】 　③学校運営に関して教員や校長に意見を述べる。【同上】 　④学校の運営状況等について評価を行うなど、十分な自己点検 ・評価に取り組むとともに、学校運営協議会の運営の状況や協議の内容等も含め、地域の住民や保護者に対する情報公開について一層の取り組みを進める。【手引き】
費用負担	学校設置者を原則	特に規程なし

※右の「現行制度」欄のいくつかの項目の文末にある【手引き】とは、文科省の『コミュニティ・スクール設置の手引き』からの出所を意味する。
※金子・鈴木・渋谷（案）は、金子郁容・渋谷恭子・鈴木寛『コミュニティ・スクール構想』（岩波書店、2000年）の記述に基づく。

3 足立区立五反野小学校における 学校理事会成立過程

(1) 文科省実践研究指定校からの出発

　東京都足立区教育委員会は、学校評議員類似組織である「開かれた学校づくり協議会」の設置を推進していたが、その協議会のうち、区内で最も活発な活動を展開していた五反野小学校に白羽の矢を立て、2002（平成 14）年に、前述した文科省の「新しいタイプの学校運営の在り方に関する実践研究」校として応募することになった。当時、区議会議長経験を持つ会社経営者である「開かれた学校づくり協議会」会長が地域のリーダーとして、積極的に活動していた実績に期待したからである。その結果、同校は全国 7 地域 9 校のうちの 1 校として採択されたのである。

　同校は、その研究指定を受けると、まず 2002（平成 14）年度には「開かれた学校づくり協議会」にコミュニティ・スクール分科会を設置した。この分科会では、実践研究の方向性を協議する中で、イギリスの学校を取り上げた NHK のスペシャル番組を視聴したところ、とりわけ同協議会会長が学校理事会に強い関心を抱き、イギリスの事情を詳しく理解する必要があると考えて、8 月に国立教育政策研究所からイギリス教育専門家研究官を招いて研修会を開くことになった。9 月には、「開かれた学校づくり協議会」委員全員からなる地域運営検討委員会を設置し、この下部組織として専門委員会であるコミュニティ・スクール委員会を置いて、分科会の役割を継承しながら具体的な検討を開始することになる。

　そして、同年 10 月には、区教育委員会の主導により運営指導委員会が設置され、新たな学校運営の在り方について学識者を交えて研究協議する体制を整えた。同委員会は、①実践研究にかかわる検討委員会等の提案に対する指導・助言、②新たな教育内容・方法等の教育実践に関し専門的な分野からの指導・助言、③その他必要な事項、を検討するこ

ととされた。委員長には小島弘道・筑波大学教授、副委員長には佐藤晴雄・帝京大学助教授（筆者）が就き、その他委員として前記の協議会会長や当時の校長、指導室長等も加わった。オブザーバーとして文科省の教育制度改革室長が列席し、会議が2年半にわたって行われたのである。

（2）スクール・ガバナンスへの関心

　運営指導委員会がスタートした頃には、新しいタイプの学校運営のイメージがまだ浮かばず、委員はまったく自由に発言していたが、協議会会長は学校理事会構想を腹案として抱いていた。むろん学校理事会の話題に加えて、他の学校運営の在り方についても協議、模索されて、学校評価はもちろん、無報酬教員の独自採用制の導入や「総合学習」などに限定してその指導計画を地域に委ねる方式などユニークな意見も出された[25]。その間、教育制度改革室長からは「思い切ったアイデアを出してください」という助言を受けていたからである。それだけ、この実践研究事業は当時の文科省が重視した課題の一つであったといえよう。足立区教育委員会は、関係会議に教育長や教育改革担当部長が頻繁に出席し、運営指導委員会委員に担当副参事（課長級行政職）を加えるとともに、事務担当をほぼ専任する形で社会教育主事（係長級専門職）を配したことからもわかるように、この取り組みに相当の力を入れ、全国7地域9校のトップランナーになろうとしていた。

　そうした議論を経て、結局、「学校理事会」の創設という形で研究成果を集約することが決まったため、今度はその具体的な在り方の協議に進むことになる。まず、委員の人数や選出枠組みの検討である。結果的に、地域や保護者だけで委員を占めてしまえば、学校や校長は常に受け手になり、議会答弁のような発言に終始する可能性があるという理由で、学校4名及び行政（教育委員会職員）1名の計5名を学校関係

25）佐藤・前掲注24）49-51頁

選出母体に位置づけ、保護者代表 3 名及び地域代表 2 名の計 5 名を非
学校関係の枠組みに位置づけた。さらに理事長 1 名を地域から選出し、
これら合計 11 名を定数にすることが決まった。理事長は、地域代表か
ら選出されるが、中立的地位に置かれ、採決が同数に分かれたときに決
する立場にある。このように学校関係者も学校理事会メンバーに加え、
その定数をある程度確保しようとした発想は、諸外国の例に倣ったもの
である。

　こうして 2002（平成 14）年 12 月には地域運営検討委員会から学校
理事会設置の提案がなされると、これを受けた運営指導委員会がさらに
具体的事項を検討することになる。運営指導委員会で特に争点になっ
たのが、学校理事会の位置づけである。前出の協議会会長は学校理事会
を学校の最高の意思決定機関に位置づけることを強く求めたが、校長は
校務掌理権の関係からそれに難色を示し、両者の意見がかみ合わなかっ
た。しかし、協議会会長は、そうでなければ学校理事会を置く意味がな
い、「改革じゃなくて、革命なんだ！」と主張し、断固として最高意思
決定機関にするべきだと訴えた[26]。

（3）学校理事会の誕生

　その結果、理事長と校長との専任事項を明確に分けることを条件と
して、「理事会を最高意思決定機関とし、校長を学校運営の代表執行責
任者と位置づける」ことが決まり、五反野小学校規約の中に、「理事会
の決定に基づき、校長は学校運営を行うものとする」という文言が盛り
込まれた。理事長の専任事項は、①「教育管理職業務評定書」による校
長の第 1 次評定、②審議事項のうち、緊急を要する特例事項の 2 つと
され、校長の専任事項は、人事、校務分掌、補助教材選定、児童の取り
扱い（懲戒、指導要録など）、施設・設備、予算執行と定められた。そ
して、注目の審議事項には学校経営方針、学校目標、校長候補者選定、

26）大神田・前掲注 20）117-118 頁

安全・危機管理とされ、そのほか協議事項として、校内研究計画、学校行事、各種委員会報告、その他学校教育活動が位置づけられた。このうち校長の専任事項については、事後の理事会報告事項となる。

　以上の経緯を経て、2003（平成 15）年 1 月に学校理事会の創設に至った。2 月には理事会が「めざす学校像」「望む校長像」「望む教師像」「望まれる家庭像」「望まれる児童像」という 5 つの期待目標を設け、教育活動全般にわたる基本的な考え方を示すこととなった。同校はこれらを 5 つのミッションと名付けた。そのうち「望む校長像」と「望む教師像」は、いわば教育する立場の者に対して学校理事会が「望む」事柄であるから、学校教職員には意外なミッションだと受け止められたようである。例えば、「望む校長像」の中にある「可能な限り校内に止まり」という文言は、出張の多い校長よりも校内で子どもと近い距離にある校長が望ましいという趣旨を表現した文言だが、これを読んだ元校長は研修や校長会の仕事まで縛られるのかと苦笑する様子を見せていた。

　また、議論の中では、「地域立学校」という呼び名が提案された。運営指導委員会の一部委員からは、あくまでも「区立」の学校であるから、「地域立」を用いるのは適当ではないという異論も出された。しかし、その定義を、「五反野小がめざす『地域立』の学校とは、保護者や地域代表が学校運営に参画し、校長とともに『学校・家庭・地域』が三位一体の学校づくりを進める学校です」[27] という方針を示して、「地域立学校」の名称を用いることになった。なぜなら、前述の繰り返しになるが、教育改革国民会議の提案では、「市町村が校長を募集するとともに、有志による提案を市町村が審査して学校を設置するものである」と述べられたように、地域有志による設置校というイメージが強かったからであり、結局、この時点でもコミュニティ・スクールにはチャーター・スクール的なイメージが捨てきれていなかったのである。正確に

27）足立区立五反野小学校理事会ほか編『コミュニティ・スクール推進事業＆開かれた学校づくり協議会活動報告書』（足立区教育委員会、2004 年）

いえば「地域立」ではないものの、既存の学校をそのような姿勢で運営していこうという意欲の表れだったと解される。「地域立」はまるで総合規制改革会議と中教審の考えを統合したかのような表現なのであった。

（4）五反野小学校学校理事会の特徴

　そして、2003（平成 15）年 1 月に、五反野小学校に全国の公立学校で初めて学校理事会が設置され、前述したように、翌年 11 月には全国初のコミュニティ・スクールに正式に指定される。なお、学校理事会設置からコミュニティ・スクール指定までの間には、文科省幹部などがたびたび五反野小学校を視察し、学校理事会の様子を確認した上で、学校運営協議会の法制化に踏み切ったといわれる。

　ただ、校長をめぐる人事で大きな問題を抱えることになる。" 五反野ショック " と呼ばれる問題である。これは、学校理事会が自ら任用を求めた公募校長を 1 年で転出させたといわれる問題だが、これは事実ではない。確かに理事長（理事会設置後に同出の協議会会長が理事長に就任）と当時の校長の意見が合わない場面も少なくなかったが [28]、理事長の意思で異動がなされたのではない。その校長は、文科省の実践研究を従来の地域連携の強化程度にしか捉えていなかったため、教育委員会は指定期間終了までに一定の成果が期待できないと判断し、理事会の議決を経て、翌年度の民間人校長 M の採用に踏み切ったのである。民間人校長の M は、ベネッセコーポレーション勤務時代に「赤ペン先生」などを担当し、教育現場の事情通であり、また当時のベネッセ副会長の推薦もあって、同校に着任することとなった。しかし、同氏には教員経験がないことから、2003（平成 15）年 11 月からその校長養成研修を帝京大学と筑波大学で分担実施し、イギリスの学校理事会制度理解を含む研修を実施した。帝京大学では筆者のほかに、校長経験者の教授 2

28）大神田・前掲注 20）150 頁

名と元東京都教育委員会指導部長の教授が担当し、主として教育委員会や学校の実務面にかかわる研修を行った。

　その後の2004（平成16）年4月1日にM校長が同校に着任したところ、同校長は「英国学校理事会制度を理解したうえで着任しているので、理事会との関係は良好」だと評されるようになる[29]。当時、2003年に東京都内の公立義務教育学校の民間人校長としては杉並区立和田中学校に次ぐ順にあった。

　五反野小学校にはコミュニティ・スクール関係の予算がつけられ、またM校長の尽力もあって、教員全員にノートパソコンを貸与し、職員会や業務の軽減を図り、その分の仕事量を地域連携に充てるような工夫が試みられた。当時の教頭や算数専科教員は校長をよく支え、コミュニティ・スクール実現に尽力したこともあり、期待された成果を収めることができた。

　そして、Mが着任した同年5月には、地教行法法案審議のための参考とするために、当時の河村建夫文部科学大臣と参議院文教科学委員会が同校を視察に訪れている。それだけ、同校の試みは法改正に少なからぬ影響を与えたものといえよう。

　実践研究指定校の中でも、同校の学校理事会が注目され、学校運営協議会の有力なモデルとされた理由は何か。筆者はその理由を、①学校理事会を最高の意思決定機関に位置づけたこと、②校長公募を実現させたこと、③学校評価のうち、特に授業診断にまで踏み込んだ評価活動を充実させたことなどがあると考えている。簡潔にいえば、他の実践研究指定校が地域人材による学校支援活動に力点を置いていたのに対して、五反野小学校は学校理事会というガバナンスにかかわる仕組みづくりに特化したのである。この点で、金子・鈴木らが発想したコミュニティ・スクールのコンセプトに近い実践研究校として五反野小学校が注目されたのであろう。

29）足立区立五反野小学校理事会・前掲注17）16頁

　そのためか、同校は学校支援活動にはあまり注目してこなかった。最初の支援活動は大学生ボランティアから開始され、2003（平成 15）年秋頃から帝京大学の女子学生 2 名が活動するようになり、翌年には同大学の男子学生 2 名が活動していた程度であった。PTA が「学校支援カード」活動に取り組むようになったのも同じく 2004（平成 16）年度からで、しかもその活動範囲は極めて狭かった。

　実践研究指定校の一つである三重県津市立南が丘小学校が、コミュニティ創出を課題としたことから「ソーシャル・キャピタルの形成に活動内容をシフト」した点と対照させれば、五反野小学校が「コミュニティがすでに成熟していた」ことからガバナンスに重点を置いたという指摘[30]は的外れではないが、少なくとも五反野小学校の場合、ソーシャル・キャピタルにかかわる取り組み、例えば学校支援ボランティア等の取り組みは、学校理事会設置以降の課題とされたのである。ちなみに、実践研究指定を受けた 2002（平成 14）年には、筆者と教育委員会担当係長 2 名で三鷹市立第四小学校を視察しているが、これは同校の学校支援活動に注目したからであり、教育委員会としては五反野小学校にそうしたソーシャル・キャピタル形成にかかわる取り組みの導入を期待していたのである。

　その後、コミュニティ・スクールは法制化に至るが、五反野小学校では、大神田理事長が「地域運営学校」の名称を用いている[31]。しかし、実践研究指定の最終報告書のタイトルが『コミュニティ・スクールへの挑戦』と記されていることからわかるように、「地域運営学校」ではなく「コミュニティ・スクール」の名称を用いていたのである。

---

30) 平井貴美代「コミュニティ・スクールとガバナンス」小島弘道編『時代の転換と学校経営改革』218 頁（学文社、2007 年）

31) 大神田・前掲注 20)

4 コミュニティ・スクールの特質

　以上のような成立過程で誕生したコミュニティ・スクールであるが、その過程からは以下のような特質が見出された。

　第一に、「教育論」がソーシャル・キャピタルの要素を求め、一方の「政策論」はスクール・ガバナンスの要素を求めていたが、結局、コミュニティ・スクールはこれら二つの「論」の交叉として制度化され、教育委員会に導入されることになったのである。法的にはガバナンスの仕組みに位置づけられながらも、学校支援活動などのソーシャル・キャピタルの形成や拡充のための仕組みとしても重視されている実態には、それら「教育論」と「政策論」の二つが絡み合ってコミュニティ・スクールが誕生したという背景を見出すことができるのである。

　第二に、「政策論」には総合規制改革会議のコミュニティ・スクール像が入り込んでいたが、結局は中教審路線で制度化が進み、地域連携と結びつく形のコミュニティ・スクールが誕生したのである。中教審は、「政策論」に「教育論」を結合させたわけであるが、このことは、戦後の教育政策の中で学校と地域社会の連携を重視してきた文科省、すなわち中教審としては当然の帰結だと解釈できる。

　第三に、教育改革国民会議の提案は、ボランティア等の地域人材活用による地域社会連携を意図せず、総合規制改革会議もそのことを特段意識していなかったが、中教審答申を受けて実施された実践研究指定事業においては、すでに「地域人材活用」が課題内容の一つとして用意されていたことから、ソーシャル・キャピタルに関する取り組みが実践研究校で展開されることになったのである。つまり、この段階で、コミュニティ・スクールがすでにガバナンスのみを志向した制度とは想定されていなかったことになる。

　第四に、そうした情勢の下で、五反野小学校はガバナンスの仕組みづくりに努めて学校理事会を創設させたところ、この成果は国策として注目されたものの、他の地方からはさほど重視されなかった。ガバナン

スの側面はコミュニティ・スクールがコミュニティ・スクールたるゆえの根拠になるが、これよりも、ガバナンスの周辺にある地域人材活用などソーシャル・キャピタルの側面が多くの地方に受け入れられることになり、今日のその制度の発展に至ったと見ることができる。極めて卑近な比喩になるが、ソーシャル・キャピタルの側面を選択する地方は、「おまけ付きの菓子」の菓子本体よりも「おまけ」欲しさにそれを購入するような消費者に似ているといってよいだろう。

　したがって、「学校運営協議会制度に『ガバナンス機能』を発揮させることに固執する必要はない」[32] という考え方は、「おまけ」だけがあればよく、「菓子」は不要だという考え方を支持することになる。だが、そうなると、「おまけ」のみが存在すればよいことになるが、その場合、「おまけ付き菓子」はもはや「菓子」ではなく、「オモチャ」等の売り場に移動しなければならなくなる。

　コミュニティ・スクールは成立過程を分析するときに、単なるソーシャル・キャピタルのための仕組みではなく、単なるスクール・ガバナンスのための仕組みでもなく、これら二つの側面を具有し、有機的に関係させながら教育の相乗効果を意図した、新たな学校制度の装置[33] であることが明らかになる。

---

32) 大林正史「学校運営協議会の導入による学校教育の改善過程―地域運営学校の小学校を事例として―」『日本教育行政学会年報』80-81 頁（2011 年）
33) ここで、あえて「装置」の概念を用いたが、これは、複数の「仕組み」を有機的に機能されて特定の成果をつくり出す「仕組み」という意味においてである。

第3章

学校運営参画の仕組みとしての
コミュニティ・スクール制度

　この章では、まず、多義性を有する「コミュニティ・スクール」を6タイプに分類し、それぞれ特徴を示している。「コミュニティ・スクール」の概念は国や時代によっても異なる形で用いられ、わが国においてさえ、時代や地域によってそれぞれ随意に解釈されてきたからである。続いて、スクール・ガバナンスや、「学校運営参画」とは何かということについて述べておきたい。

1 コミュニティ・スクールのタイプ

　本書が研究対象とするコミュニティ・スクールとは、地方教育行政の組織及び運営に関する法律（以下、「地教行法」という）に基づいて学校運営協議会を設置する学校のことである。しかし、諸外国も含めて、コミュニティ・スクールという概念は多義に用いられてきている。わが国の戦後教育史をたどっても、その概念は一様ではない。

　わが国の場合、戦後直後のコミュニティ・スクールに当たる「地域社会学校」の取り組みに尽力した石山脩平は、community がラテン語の communis に由来した語で、本来は「ともに」（com）「奉仕すること」（munus）の意味だと解説した上で、コミュニティたらしめるのは「人々が近接して住むこと、換言すれば一定の範囲の土地すなわち『地域』に住むこと」であって、「同じ地域の住民たることが、コミュニティーの基礎的条件」だと述べる[34]。そして、その範囲を「児童生徒

---

34) 石山脩平『地域社会学校』102-103 頁（金子書房、1949 年）

が直接経験の可能な範囲を郷土的地域社会」と示して、これを「コミュニティ・スクールにおける中心的地域社会学校」と見なした[35]。

　戦後、コミュニティ・スクールは、アメリカのコミュニティ・スクール運動をモデルにしながら、その石山らの指導によって始められた。わが国で「コミュニティ・スクール」というとき、まずはこの戦後の取り組みが念頭に浮かぶ。しかも、石山が指導した神奈川県下の福沢小学校は、「農村地域社会学校」と名付けられ、また、大田堯がかかわった広島県本郷町の地域教育計画などもそうであるように、当時のコミュニティ・スクール運動は、農村部に特有な取り組みとして理解されやすいが、当時のアメリカで構想されたそれは、必ずしもそうではなく、大都市や市街地などの新たな学校づくりも想定されていた[36]。

　そのアメリカのコミュニティ・スクールは、論者のみならず、時代によっても概念を変化させ、また、イギリスにおいても、アメリカとは異なる意味でコミュニティ・スクールが多義に用いられ、かつ時代的変化を見せているのである。

　そこで、初めに、コミュニティ・スクールの概念を整理しておくことにする。その概念は、（1）児童生徒と成人の施設共用型学校、（2）オルセンのコミュニティ・スクール論と地域社会学校、（3）1974 年制定のアメリカのコミュニティ・スクール法に基づく学校、（4）イギリス（イングランドとウェールズ）における公立初等中等学校、（5）地域社会の資源を活用する学校運営の在り方を表明する学校や事業、（6）現在のわが国で創設された保護者・地域参画制度としての学校運営協議会を置く学校という 6 タイプに分類できる（（1）〜（6）時代順）。以下、各タイプについて簡潔に解説しておこう。

35）　石山・前掲注 34）132 頁

36）　平井貴美代「占領下学校管理における学校―保護者・地域連携―」『山梨大学教育人間学部紀要』14 号 203-204 頁（2012 年）

（1）児童生徒と成人の施設共用型学校

　1920年代にイギリスのヘンリー・モリスによって提唱された新たな学校のタイプが、最も古いコミュニティ・スクールに位置づけられる。彼は、ケンブリッジの主任教育官在任中に、学校がカリキュラム以外の時間に地域社会のニーズに応えることができるように、その利用意図にかなう設計の中等学校を発足させて、これをコミュニティ・スクールと名付けた[37]。その計画の下でコミュニティ・スクールに指定された中等学校は、地域住民の成人教育利用のため施設を地域社会に開放する義務を負うことを条件に、その利用に対応できる施設・設備が整備され、そのための職員が配置されることになる。コミュニティ・スクールの中には施設開放だけでなく、スポーツやレクリエーションなど成人対象の学習プログラムを提供するところも現れてくる。生徒と地域社会との「二重の利用」（Dual use）を可能にした学校が、コミュニティ・スクールとされたのである。

　そのアイデアは、保護者や地域住民にも利益をもたらすと同時に、地域活性化や生徒の社会的関心を高めるなどのメリットがあるものとされた。その後、中等学校の枠にこだわらず、ビレッジ・カレッジや小学校のコミュニティ・スクールも見られるようになっていく。

　このタイプのコミュニティ・スクールは、次に述べる1930年代のアメリカで取り組まれたコミュニティ・スクールとは大きく異なる概念とされていたのである。

　ともあれ、イギリスにおけるコミュニティ・スクールは、1998年法以前にはそうしたコミュニティ・スクール指定校のほかに、地域社会と密着した学校、そして保護者を巻き込んだ学校も意味するようになる

37）Hills,P.(ed.) "A Dictionary of Education" ,Routedge & Kogan Paul.（2012年）、Rennie,J "British Community Primary Schools" ,The Falmar Press.（1985年）

が[38]、さらに、後述するような公費運営学校の一部を指すように変化していくのである。

（2）オルセンのコミュニティ・スクール論と地域社会学校

　カリキュラム改造型コミュニティ・スクールとは、1930 年代のアメリカで取り組まれた社会改造を目指す運動をモデルとしてわが国で展開されたタイプである。アメリカのコミュニティ・スクールのモデルの中でも、オルセン（Olsen,E.G）の理論が戦後わが国に受け入れられ、カリキュラム改革と結びついた地域教育計画の下で地域社会学校の試みが展開されていた。

　オルセンは、書籍中心の学校をアカデミックな学校とし、児童中心の学校を進歩主義学校と呼び、そして生活中心の学校をコミュニティ・スクールと名付けた[39]。オルセンによるコミュニティ・スクールとは学校を実社会からの孤島にすることのないよう、地域社会との間を往還する 10 の架け橋を描き、学校を地域社会化すると同時に地域社会を学校化しようとするアイデアに基づくものであり、そこには成人教育の場づくりという発想が包含されていた。

　本郷計画を指導した大田堯は、コミュニティ・スクールをオルセンのアイデアとは異なるものとして受け止めたようである。大田はコミュニティ・スクール運動をわが国戦後の地域社会学校が、「1929 年のパニック（筆者註：世界恐慌）後の『社会再建』と結びついた厳しい意味でのコミュニティ・スクールではなくて、（中略）地域と学校との間にもっと密接なかけ橋をつくっていくところに強調点を持った、わりあい牧歌的なコミュニティ・スクールの影響があった」と述べている[40]。

38）Andrew,P.,&Martin,G.,&Alastair "The Education Fact Book-An A-Z guide to education and training in Britain",Macmillan Press LONDON. (1983 年)
39）オルゼン , エドワード .G 著・宗像誠也訳『学校と地域社会―学校教育を通した地域社会の研究と奉仕の哲学・方法・問題―』（小学館、1950 年）
40）大田堯『教育とは何かを問い続けて』37-38 頁（岩波新書、1983 年）

この「かけ橋」をつくろうとする「牧歌的なコミュニティ・スクール」とはオルセンのコミュニティ・スクール論を指すのであろう。そこで、大田は、それ以前の「社会再建」と結びついたコミュニティ・スクールに注目して、本郷計画に臨んだというのである。

また、「戦後のアメリカ的な影響が強力であった時期に出された地域教育計画論は、日本の社会的現実に即した地域の生産と生活改善のための教育計画を構想したものとして、アメリカのコミュニティ・スクール運動を批判する地点に立つものとみられる」という指摘もあるが[41]、この指摘は大田の受け止め方と符号を一にする。

このようなコミュニティ・スクール概念は、現在においてもわが国におけるコミュニティ・スクールの源流として認識されている。ただし、現在のそれは地域教育計画という発想はさほど強いわけではなく、単位学校によるスクール・ガバナンス改革とこれに連動する地域社会資源の活用というレベルにとどまる例が大勢を占めるが、いくつかの自治体や学校では、コミュニティ・スクールを核にした地域社会の活性化を図ろうと試みているように、地域社会改革も企図した取り組みを推進するようになる。

(3) 1974年制定のアメリカのコミュニティ・スクール法に基づく学校

これは、1930年代のアメリカで展開された運動とは異なる趣旨によるコミュニティ・スクールのことである。アメリカにおいて1974年に制定されたコミュニティ・スクール法（The Community School Act）は、以下の理念とモデルを採り入れた学校をコミュニティ・スクールと定めた。

その理念は、①学校はコミュニティに不可欠な要素であること、②

41）海後宗臣・村上俊亮 監修・持田栄一ほか編『教育管理学―教育学叢書5』168頁（誠信書房、1961年）

関係機関・団体、企業等を含む地域社会全体を学校活動の資源とすること、③保護者は子どもの教育活動のパートナーであり、子どもの教育への意味ある関与の機会が与えられるとともに、学校計画の作成過程にかかわること、④児童生徒やコミュニティの文化が学校に反映されること、⑤学校施設がコミュニティの資源であり、教育委員会のコミュニティ利用方針に応じて共有されること、にあるとされる。

　同法は、そのコミュニティ・スクール・モデルとして、児童生徒の教育はもちろん、その他に、彼らと家庭、地域のために、「心身の健康サービス、栄養サービス、幼児教育プログラム、課外教育プログラム、青年のための相談やその他プログラム、文化的啓発活動、両親教育プログラム、犯罪防止と社会復帰のためのプログラム」などを提供することを例示している。そして、学校は、学校教育活動の内外や週末を通して、児童生徒や家庭、地域のそれぞれの要望に応じて、それらサービスやプログラム活動の提供を活用できるコミュニティの拠点（a community-level hub）になる。また、保護者と地域は、学校の計画作成過程に作業メンバーとして参画でき、さらに児童生徒や家庭、地域のニーズに応じるために必要な知識と資源を提供することができるものと定められている。

（4）イギリス（イングランドとウェールズ）における公立初等中等学校

　このタイプは、イギリスの1998年学校基準・体制法（School Standards and Framework Act 1998）に基づく公費運営学校の一つのタイプを意味する。同法第20条によって、公費運営学校は、①コミュニティ・スクール、②ボランタリー・エイデッド・スクール（voluntary aided schools, voluntary controlled schools）、③ファンデーション・スクール（foundation schools）、④コミュニティ・スペシャル・スクール（community special schools）、⑤ファンデーション・スペシャル・スクール（foundation special schools）の5種に分類された。これらの学

校運営費は地方当局によって負担されるが、施設維持管理や職員の雇用方法などでそれぞれ態様を異にする。いずれも学校理事会の設置が義務づけられている。

コミュニティ・スクールの場合、地方当局（Local Authorities）が学校施設を所有し、教職員の雇用者となるが、学校理事会は校長をはじめとする教職員の任命について決定し、校長の解雇も決定できる。校長の任免以外については校長の助言を得たり、あるいは校長に委任したりすることも可能とされる。理事のうち地域代表については学校理事会で選出・決定される。校長と学校理事会は、組織上の上下関係になく、パートナーとして責任を分担する。ちなみに、ファンデーション・スクールとボランタリー・エイデッド・スクールの学校理事会は、職員を任命するにとどまらずその雇用者に位置づく。

地方当局は、コミュニティ・スクールに対して、その運営費を支出するとともに、学校施設を学校目的のために使用できるようにする義務を負うことと定められている。

(5) 地域社会の資源を活用する学校運営の在り方

わが国戦後の「地域社会学校」でも地域社会資源の活用はその取り組みの一つに位置づけられていたが、国内では 1980 年代から、独自に地域社会との関係性を重視し、その資源を教育活動に積極的に活用することを方針とした学校やそれを推進する事業でコミュニティ・スクールが自称されるようになった。千葉県市川市のコミュニティ・スクール事業をはじめ、公立学校でコミュニティ・スクールを方針に掲げた学校が登場してくる。

千葉県市川市は、1980（昭和 55）年からコミュニティ・スクール・モデル校を指定し、「学校を開き、家庭・地域・学校が一体となって子どもを育てる」を基本理念に掲げて地域と学校の連携による行事を展開し、その成果を踏まえて 1989 年には全校指定に至る。その後、1997年からは行事中心の取り組みに方向転換し、地域人材の活用に重点を

置くようになる。このほか、東京都三鷹市立第四小学校[42]、東京都中野区立沼袋小学校[43]、福岡県大野城市立月の浦小学校[44] などは、「コミュニティ・スクール」を内外に標榜しつつ、地域資源活用型の連携実践に取り組んでいた。

　むろん、このタイプのコミュニティ・スクールは制度ではなく、事業や学校の取り組みのドメインの定義としての性格を有するものであった。現在、岩手県が推進する「いわて型コミュニティ・スクール」事業はこのタイプに属する。

　ちなみに、三鷹市立第四小学校はその後、法に基づくコミュニティ・スクールの指定を受け、また大野城市は 2014（平成 26）年度にコミュニティ・スクールの導入に踏み切った。ただし、中野区立沼袋小学校は、2012 年 3 月に統廃合により廃校とされた。これら単位学校の取り組みは、どちらかといえば小学校中心に見られた。

（6）現在のわが国のコミュニティ・スクール（地域運営学校）

　このタイプは、2004（平成 16）年の地教行法に基づいて学校運営協議会を設置する学校を意味する。学校運営協議会の権限は、①校長の作成する学校運営の基本方針を承認すること、②学校運営に関する意見を教育委員会や校長に申し出ること、③教職員の任用に関して任命権者に意見を申し出ること、と定められている。これは、スクール・ガバナンスの仕組みとして捉えられるが、すでに述べたように、同時に学校のソーシャル・キャピタルの形成と拡充を推進する仕組みとしても機能してきている。スクール・ガバナンスという意味では、2000 年に制度化された学校評議員をしのぐ制度になり、ソーシャル・キャピタルの視点

42）貝ノ瀬・前掲注 8)

43）佐藤晴雄監修・中野区沼袋小学校編『地域連携で学校を問題ゼロにする―実践型コミュニティ・スクールの秘訣―』（学事出版、2008 年)

44）嶋野ほか・前掲注 9)

からは地域社会と連携を推進する仕組みとして受容される制度になってきている。

　文部科学省（以下、「文科省」という）の『コミュニティ・スクール設置の手引き』によれば、学校運営協議会を設置する学校をコミュニティ・スクールまたは地域運営学校と称することとされる。これらの名称は法的根拠を持たないが、全国的には「コミュニティ・スクール」の名称が浸透している。

　そのほか、アメリカン・コミュニティ・スクールなどインターナショナル・スクールや東京コミュニティ・スクール等の不登校児童生徒対象の学校外教育機関など特別な目的を持つ学校でもコミュニティ・スクールと称する例がある。この場合、教育方針への「共感」や教育対象の「共通性」などを核とした、いわゆるテーマ・コミュニティとしてその名称が用いられているのである。

　わが国における現在のコミュニティ・スクール制度は、イギリスのコミュニティ・スクールをモデルにした。これはファンデーション・スクールとボランタリー・エイデッド・スクールとは異なり、地方当局が施設を所有し、教職員を雇用する形態はわが国公立学校と同じであり、前章で述べた足立区立五反野小学校でもこれを参考にしたという事実がある。

　ただし、アメリカのコミュニティ・スクール・モデルをまったく視野に入れていないわけではなく、オルセンが論じた「学校の地域社会化」と「地域社会の学校化」というコミュニティ・スクール発想はわが国の取り組みにも活かされている。例えば、五反野小学校はその視点を重視して、「学校のオープン化」と「地域の学校化」に取り組んだ[45]。三鷹市教育委員会[46]や千葉県習志野市立秋津小学校[47]、そして山口県柳井市教育委員会がコミュニティ・スクールからスクール・コミュニティへの発展を課題視しているように、学校を核にした地域づくり（「地域社会の学校化」）が意図されている。また、多くのコミュニティ・スクールでは学校支援ボランティア等の人材を中心にした地域教

育資源の活用を図ると同時に、地域社会にも一定の教育サービスの供与を図るなど地域社会との「かけ橋」を重視していることからも、以上で取り上げた多様なタイプの要素を採り入れる形になっているといえよう。

2　コミュニティ・スクール・ガバナンスの定義

（1）学校のガバナンス

　2015（平成 27）年 4 月 1 日現在、コミュニティ・スクールは全国 2,389 校で、前年度比 470 校の増加となった。制度誕生から 11 年間で、実に 2,500 校近くにまで増加したことは高く評価されてよい。そうした状況の中で、2013 年 6 月に閣議決定された「第 2 期教育振興基本計画」は、コミュニティ・スクールを 5 年間で公立小中学校の 1 割（3,000 校）まで拡充するという数値目標を盛り込んだが、現在、その目標の 3 分の 2 が達成されたことになる。この 4 年間に注目すると、毎年 300 校以上増加していることから、数値目標は達成されるものと予測される。

　前述したところであるが、このコミュニティ・スクールは、「学校のガバナンス」を実現するための仕組みとして捉えることができる。学校のガバナンスは、もともと、「新しいガバナンス」という考え方を学校にも導入しようとするものである。2000（平成 12）年 1 月の「21 世紀日本の構想」懇談会報告書『日本のフロンティアは日本の中にある』は、「新しいガバナンスとは、国家と社会の間に多次元的な相互関係が成立する形態である。統治を「官」に独占させるのでなく、多元的なア

45）大神田・前掲注 20）75-90 頁

46）貝ノ瀬滋・松永透「地域運営学校（コミュニティ・スクール）の可能性」天笠茂編集代表・小松郁夫編著『学校管理職の課題 2「新しい公共」型学校づくり』41-47 頁（ぎょうせい、2011 年）

47）岸裕司「地域と生きる学校と PTA の新しいあり方」『学校管理職の課題 2「新しい公共」型学校づくり』115 頁（ぎょうせい、2011 年）

クターが責任を持って参加し責任を共有する仕組みである」と述べた。

　それでは、なぜガバナンスが求められるのか。河野勝は、「stakeholder の利益のための agent の規律付け」機能としてのガバナンスが必要だと述べる[48]。つまり、「立場として雇われているに過ぎない（つまり、エイジェントである）経営者が、みずからの利益に基づいて行動してしまう機会主義的なアクターであることが暗黙の前提としてあり、それを企業の所有者である株主（つまり、プリンシパル）というアクターがいかに制御するか」ということが求められるというのである。簡潔に言えば、経営者に対するプリンシパル（「校長」の意味ではない）による牽制ないしは監視という側面で、ガバナンスが主張されるわけである。

　そうした「規律付け」的定義とは別に、「新しい公共」の考え方からもガバナンスを意義づけることができる。ローズ（Rhodes,R.A.W.）は、「新しい公共」を「相互協力や資源交換、運用ルール、政府からの自律によって自己を組織化し、組織間のネットワークを形成すること」[49]と定義した。その定義によれば、「創発」的な思想、例えれば、「三人寄れば文殊の知恵」のような効果が期待される。むろん、資源交換や相互協力などの視点も含むことになる。

　以上のように、ガバナンスはコーポレート・ガバナンスの観点からは「規律付け」を使命とし、「新しい公共」の視点からは「相互協力と合意形成」を使命としているように、二つの意義を有する概念になる。

　そうした考え方を単位学校にも導入することが学校のガバナンスであり、このための仕組みこそが、コミュニティ・スクールなのである。

48）河野勝「ガヴァナンス概念再考」『制度からガヴァナンスへ―社会科学における知の交差―』9-18 頁（東京大学出版会、2006 年）

49）Rhodes,R.A.W "Understanding Governance",Open University Press,p.15（1997 年）

（2）教育委員会制度とガバナンス

　そもそもわが国の教育委員会制度は、「官」による独占を避けるために、レイマン（教育の素人）によるコントロールを前提とする制度として創設されたはずだが、その役割が形骸化し、期待される活動を展開できていないことが問題視されてきた。つまり、事務局が提出する審議事項を通過させるだけの機関にとどまっているというのである。この問題は、制度の在り方に起因するというよりも、形骸化させてくれるような委員、換言すれば事務局提案事項に異議を唱えず、素直に承認してくれる人材を首長が任命してきた結果だと捉える方が適切である。

　実際、委員候補の選出過程は不透明で、おおよその選出母体・枠組みが決められているに過ぎない。一般的には、校長退職者、医師会メンバー（校医として）、保護者代表、社会教育関係団体代表、学識経験者などの枠組みから選出される例が多い。学識経験者については、近年、多少事情が変わってきたが、以前から教育学研究者を避ける傾向があったといってよい。教育に関して専門的に「物言わぬ素直な人材」が好まれるからであろう。ようするに、教育委員会制度が形骸化しているとすれば、それは首長の任命の在り方に問題があったと言わざるを得ない。しかるに、教育委員会制度改革に関する議論では、むしろ形骸化させた首長自らの任命責任を度外に置き、一部の首長はあたかも他人事のような意識で制度の問題にすり替えることによって、その制度の廃止や機能縮小を主張するのである。

　このように述べると誤解されるおそれがあるので、もう少し正確に言えば、そうした形骸化を制度の問題にすり替える首長はごく少数であり、多くの首長は教育委員会制度の改革を望んでいなかった。河野和清[50]らの首長に対する意識調査によれば、「基本的には、現行の教育委員会制度を維持し、運用上の改善や機能上の充実を図っていく」と回答した

50）河野和清「地方自治体の長からみた教育委員会制度―全国市町村長の意識調査をてがかりにして」『季刊教育法』180号46-57頁（エイデル研究所、2014年）

首長が 65% であるのに対して、「教育委員会制度を廃止し、教育事務の権限をすべて首長（部局）に移す」と回答したのはわずか 7.3% に過ぎない。このほか、中間的な選択肢が設定されてはいるが、半数をはるかに上回る首長が現状維持でよいと認識しているにもかかわらず、一部の首長の個人的な考えが「民意」の名を借りて、あるいはあたかも多くの首長の声であるかのように、教育委員会制度改革が主張されてきたように思われる。

2014（平成 26）年 5 月に国会で可決された地教行法改正案は、結果として教育委員会制度を維持する形になったが、総合教育会議の新設を盛り込んだ点で改革されたことになる。しかし、この会議のメンバーは首長と教育委員に限られていることから、首長の意向により従順な委員が任命され、実質的な形骸化が進む可能性がある。その場合、自治体レベルでいえば、教育委員会にはエイジェントたる首長に対する規律付けが期待され、学校レベルではコミュニティ・スクールに置かれる学校運営協議会に校長等への規律付けが期待されることになる。少なくとも、今回の教育委員会制度改革によって、エイジェントの権限の独占化が進展しないよう注目を怠らないことが大切である。むろん、「規律付け」の観点だけでなく、「相互協力と合意形成」という機能も大いに期待されるであろう。

そして、学校運営協議会と教育委員会との関係づけも重要な課題になる。2013（平成 25）年 12 月 13 日公表の中教審答申「今後の地方教育行政の在り方について」は、教育委員の人選に関して、「コミュニティ・スクールや学校支援地域本部のような、教育に民意を反映する仕組みを定着させていく中で、その代表が教育委員として選任されることは有効である」と述べている。つまり、選挙によって選出された首長のみを「民意」と見なすことなく、学校運営協議会などを通した「民意」反映のルートを十分確立することが戦後の多元主義の考え方に沿うのである。

3 コミュニティ・スクールによる地域活性化の課題 －文部科学省委託調査の結果から－

コミュニティ・スクールは学校改善を目的とする一つの仕組みではあるが、地域の活性化なども実際には強く期待され、一定の成果を上げている。学校支援活動に取り組みながら、高い教育成果を上げている例は少なくない。その意味で、社会教育の観点からもコミュニティ・スクールは大いに成果が期待される仕組みだといってよい。

文科省は「地域とともにある学校づくり」の施策方針からコミュニティ・スクールの推進を図ってきているが、地域の活性化の視点ではどのような成果認識がなされているのだろうか。ここでは、筆者が研究代表を務めた文部科学省委託調査研究（2011 年調査[51]）の結果から、指定校校長の意識を見ていくことにしよう。

（1）地域活性化の成果認識

〈1〉地域活性化に関する成果認識

調査は、2011（平成 23）年に全国のコミュニティ・スクール指定校全校の校長に対して、コミュニティ・スクールの成果や課題についてアンケート方式で実施した。その結果を見ると、図 2 は、コミュニティ・スクールの成果認識の一つとして、「地域が活性化した」という問いに対する回答値を示している。このうち「全体」（特別支援学校等 38 校を含む）では、「当てはまる」9.2%、「ある程度当てはまる」43.0% となり、計 52.2%（この合計値は以下、「肯定値」と表す）[52] が肯定している。

51）コミュニティ・スクール研究会・前掲注 5）。2011 年 10 月〜 11 月実施。回収数：指定校 675 校の校長の回答数。そのほか、学校運営協議会委員や未指定校、教育委員会も対象にしている。

52）筆者らが平成 19 年に実施した調査では、「地域活性化」の肯定値は 56.7% であった（佐藤・前掲注 7）46 頁。

校種別の肯定値は、小学校（54.8%）が中学校（44.9%）よりも約10ポイント高い。これらの数値は意外に低いようである。

〈2〉指定年度別の成果認識

そこで、コミュニティ・スクールとしての指定年度別に同じ項目の肯定値を見ていくと、図3のようになる。全体的に右下がりの傾向、すなわち指定年度が古い学校で数値が高く、新しくなると概ね低下傾向にある。指定年度の一番古い「平成16＋17年度」は67.3％（16.5％＋50.8％）と最も高く、「全体」を約15ポイント上回る。つまり、「地域活性化」はコミュニティ・スクール経験に関係しているのである。

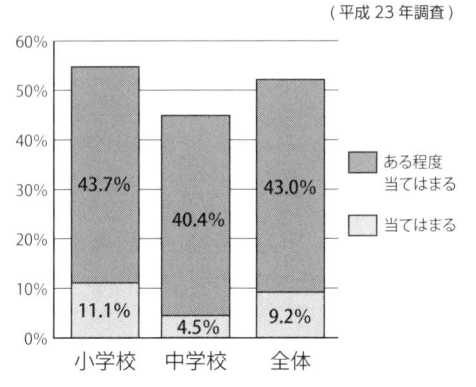

図2 地域が活性化した －指定校校長回答－
（平成23年調査）

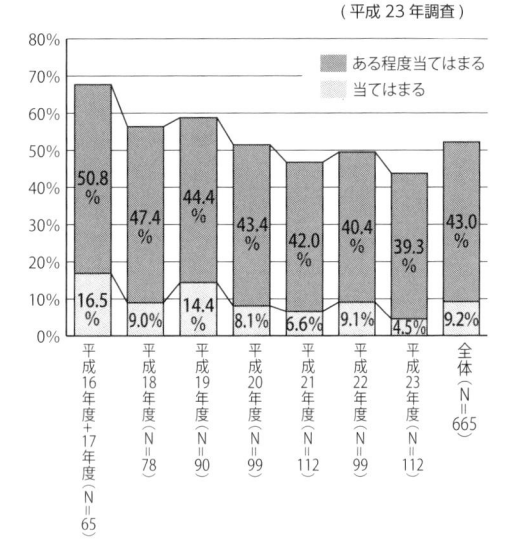

図3 地域が活性化した －指定校校長回答－
（平成23年調査）

（2）地域変容に関する成果認識

〈1〉成果認識の順位

　調査では、成果認識にかかわる 20 項目を示しているので、このうち地域に関する 8 項目を選んで、指定校校長によるそれらの成果認識を見ておきたい。

　指定年度を「平成 16 ＋ 17 年度」「平成 20 年度」「平成 23 年度」に絞ると、それぞれの肯定値（「当てはまる」＋「ある程度当てはまる」）は表 3 のようになる。

表 3　コミュニティ・スクール指定校校長による地域変容関係の成果認識
　　　- 指定年度別の移動状況比較 -

平成16＋17年度	平成20年度	平成23年度	全　体
①学校と地域が情報を共有するようになった（90.9%）	①学校と地域が情報を共有するようになった（97.0%）	①学校と地域が情報を共有するようになった（84.2%）	①学校と地域が情報を共有するようになった（92.0%）
②地域が学校に協力的になった（89.4）	**②地域が学校に協力的になった（91.9）**	②<u>学校に対する保護者や地域の理解が深まった</u>（<u>77.5</u>）	②地域が学校に協力的になった（87.7）
②*地域と連携した取組が組織的になった（89.4）*	③*地域と連携した取組が組織的になった（89.9）*	**③地域が学校に協力的になった（75.0）**	③地域と連携した取組が組織的になった（84.0）
④<u>学校に対する保護者や地域の理解が深まった</u>（83.4）	④<u>学校に対する保護者や地域の理解が深まった</u>（87.0）	④保護者・地域による学校支援活動が活発になった（72.5）	④<u>学校に対する保護者や地域の理解が深まった</u>（82.6）
⑤保護者・地域による学校支援活動が活発になった（86.4）	⑤保護者・地域による学校支援活動が活発になった（81.8）	⑤*地域と連携した取組が組織的になった（70.8）*	⑤保護者・地域による学校支援活動が活発になった（80.6）
⑥地域の教育力が向上した（71.2）	⑥地域の教育力が向上した（60.6）	**⑥地域が活性化した（40.9）**	⑥地域の教育力が向上した（56.3）
⑦地域が活性化した（66.7）	**⑦地域が活性化した（51.5）**	⑦地域の教育力が向上した（40.8）	⑦地域が活性化した（51.4）
⑦保護者や地域からの苦情が減った（66.7）	⑧保護者や地域からの苦情が減った（48.4）	⑧保護者や地域からの苦情が減った（35.0）	⑧保護者や地域からの苦情が減った（46.2）

※年度間で順位差が見られる項目は、太字・斜体・下線で表している。

ここでは年度間の順位に注目しておこう。まず、全体で第1位の「学校と地域が情報を共有するようになった（以下、「情報共有」という）」は年度間による順位差がない。「平成16＋17年度」で第2位の「地域が学校に協力的になった（以下、「地域が協力的」という）」は「平成23年度」で数値が下がり、順位がワンランク落ちるが、各年度の上位項目に位置する。これらは各年度の多くの指定校で認識された共通項目だと解せる。

　「平成16＋17年度」で3番目の「地域と連携した取組が組織的に（以下、「連携が組織的」という）」は「平成23年度」で2ランク下がり（第5位）、指定年数の短い学校で成果認識がやや弱くなる。ところが、第4位の「学校に対する保護者や地域の理解（以下、「学校理解」という）」の場合、「平成23年度」ではむしろ2ランク上昇していることから、指定年数の浅い学校でも認識されやすい成果だといえる。第5位以下の項目については、指定年度間による順位差がほとんどなかった。

　前記の「平成23年度」の数値からわかるように、「情報共有」と「学校理解」は指定年数の浅い学校でも認識されやすい成果だと解せる。なお、「学校理解」は「平成16+17年度」及び「平成20年度」の順位が低かったが、すでに理解を得ている学校が肯定的な回答を示さなかったことも一部影響していよう。しかも、年度間の数値は僅差にとどまる。

　次に、順位とは別に、年度による数値の差に注目してみよう。

〈2〉成果認識の段階

　「平成16＋17年度」と「平成23年度」の肯定値差を算出して、その差が小さい順に項目を並べると次頁表4のようになる（○＝全体の肯定値順位）。

表4　地域変容に関する成果の認識期　（「平成16＋17年度」-「平成23年度」の数値）

短期的成果	④「学校に対する保護者や地域の理解が深まった（「学校理解」）」（5.9ポイント） ①「学校と地域が情報を共有するようになった（「情報共有」）」（6.7）
中期的成果	⑤「保護者・地域による学校支援活動が活発になった（「地域の学校支援が活発」）」（13.9） ②「地域が学校に協力的になった（「地域が協力的」）」（14.4） ③「地域と連携した取組が組織的になった（「連携が組織的」）」（18.6）
長期的成果	⑦「地域が活性化した（「地域が活性化」）」（25.8） ⑥「地域の教育力が向上した（「地域教育力が向上」）」（30.4） ⑧「保護者や地域からの苦情が減った（「苦情が減った」）」（31.7）

　その指定年度による肯定値差が一桁の項目には「①情報共有」及び「④学校理解」があり、これらは指定年度の新しい指定校でも認識されていることから、短期的成果に位置づけることができる。なお、「④学校理解」に関しては肯定値順では4位であったが、2位及び3位の項目の数値とは僅差に過ぎず、かつ指定年数の短い「平成23年度」では第2位の上位に位置しているので、短期的成果だといってよい。

　そして、「②地域が協力的」、「③連携が組織的」、「⑤地域の学校支援が活発」は差が10ポイント台にとどまる。つまり、これらは、「平成16＋17年度」と「平成23年度」の差が短期的成果と以下に述べる長期的成果との中間に位置することから、中期的成果と呼べる。

　そのほか「⑥地域教育力が向上」、「⑦地域が活性化」、「⑧苦情が減った」は「平成16＋17年度」が「平成23年度」を20ポイント以上上回っていることから、コミュニティ・スクール経験の長さに最も強く影響を受ける成果だといえる。その意味で、これらは長期的成果に位置づけられる。ちなみに、これら項目については、「平成20年度」が「平成16＋17年度」と「平成23年度」の数値のちょうど中間に位置することからも、そのことが裏づけられる。

（3）コミュニティ・スクールの成果発現プロセス
　－地域変容に関する成果－

　以上から、それぞれの成果に至るプロセスを描き出すことができる。図4のモデルに表したように、学校と地域が「情報共有」し、「相互理

解」を図ることによって、「地域が協力的」になると同時に「学校支援が活発」にもなって、これらの過程で「連携が組織的」に行われるようになる。その結果、「地域教育力が向上」し、さらに「地域が活性化」し始め、学校への保護者や地域からの「苦情が減った」という一連の成果につながるものと解せるのである。

　見方を変えれば、「苦情が減った」や「地域が活性化」、「地域教育力が向上」などの成果を短期的に期待することには無理があるということになる。そこには地域連携のレディネスが存在するといってよい。地域を活性化し、地域教育力を向上させるためには、学校と地域の情報交換・共有化の段階を経て、地域が学校に協力的になったり、地域による学校支援が活発になったりする過程で学校支援が組織的になるという前提条件を要するものと考えられる。

図 4　コミュニティ・スクールの成果発現プロセスモデル

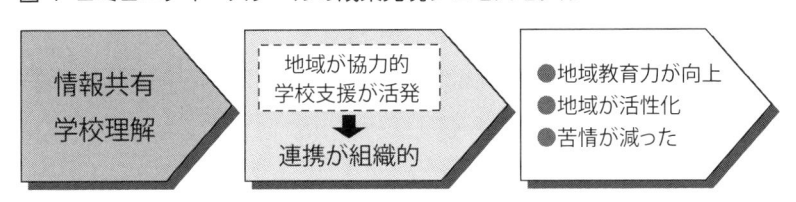

　なお、金子郁容・鈴木寛らによるもともとのコミュニティ・スクール構想[53] では、あくまでも学校改善を志向するアイデアであって、地域の活性化や地域教育力の向上まで期待されていたわけではないが、制度化によって実際にこれらが長期的成果として認識されていることは注目に値しよう。

---

53) 金子ほか・前掲注 13)

（4）学校運営協議会活動と地域変容

〈1〉学校運営協議会による学校支援活動

　そうした成果認識はコミュニティ・スクールに設置される学校運営協議会の活動の影響を受けるものと考えられる。そこで、それら成果認識と学校運営協議会活動との関係を分析してみよう。

　図5は、学校運営協議会で「行っている」活動と以下の方法で処理をしたカテゴリー（「群」）をクロス集計した結果を図示したものである。

　［カテゴリー化の方法］

- ・前出の表3中の全8項目の質問に対する回答を、「当てはまる＝4点」、「ある程度当てはまる＝3点」、「あまり当てはまらない＝2点」、「当てはまらない＝1点」として数量化した。
- ・その数量化した合計値（32点満点）を、「地域変容［少群］≦21.0」、「地域変容［中群］＝22.0〜25.0」、「地域変容［多群］≧26」として、3群にカテゴリー化した。

図5　学校運営協議会の活動−「行っている」の割合−

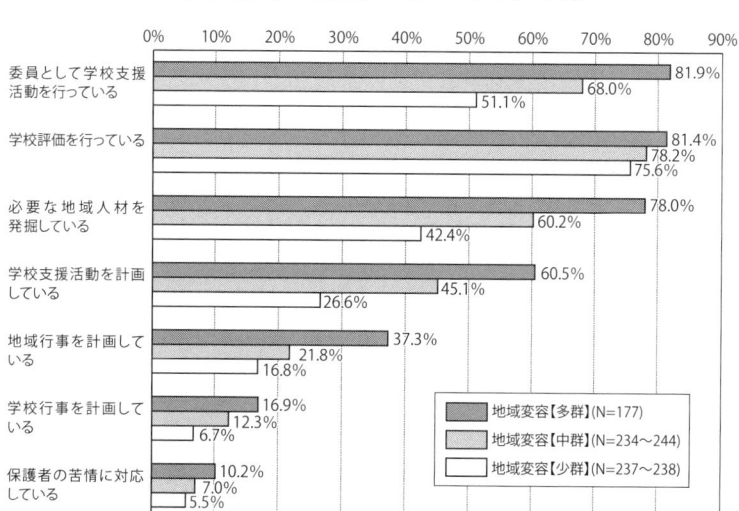

学校運営協議会活動に関するすべての項目で、「地域変容［少群］」が最も低い数値を示し、「地域変容［多群］」が 7 項目すべてで最高値になっている。学校運営協議会が多様な活動を展開している学校は、地域変容に関する成果認識が相対的に高い傾向にあることが読み取れるのである。

　なかでも、「協議会委員として学校支援活動を行っている」と「協議会で学校支援に必要な地域人材を発掘している」は「地域変容［多群］」が他の群を引き離し、数値も高めで、反対に「地域変容［少群］」が他のカテゴリーに比べて著しく低い数値になる。学校支援活動を展開している学校は多くの地域変容場面で成果が表れていることになる。また、「協議会が学校支援活動を計画している」は数値が若干低めだが、同様の傾向を示している。

　以上から、学校運営協議会による学校支援活動が地域活性化などの地域変容に関連していることがわかった。そして、学校支援という活動は学校改善だけでなく、地域活性化等を促す重要な要因として機能することが考えられる。

〈2〉学校運営協議会の議題

　それでは、学校運営協議会活動の議題と学校支援との関係はどうなのか。調査では、議題として、教育課程や教員人事、生徒指導上の課題など 16 項目について、「取り上げられる」か否かを問うている。その結果、ほとんどの項目で「よく取り上げられる」の回答が「地域変容［多群］」で最も高い数値になる。その数値は「地域変容［中群］」に近いが、「地域変容［少群］」よりも高くなっている。つまり、学校運営協議会で様々な議題を取り上げている学校の方が、そうでない学校よりも地域変容が強く認識されていることになる。

　特に表 5 で取り上げた「地域人材の活用」と「地域や保護者の巻き込み方」という議題では、「よく取り上げられる」×「地域変容［多群］」の数値（「人材」36.8％、「巻き込み方」35.2％）が他の群より高

く、これに対して「取り上げられたことはない」×「地域変容［少群］」の数値（「人材」72.0％、「巻き込み方」53.4％）は他の群より高くなっている。つまり、「地域変容［多群］」ではこれらの議題が「よく取り上げられた」の割合が高く、「地域変容［少群］」ではこれら議題が「取り上げられたことはない」の割合が高い傾向が見出されたのである。

　むろん、学校運営協議会が学校支援にかかわりを持てば、それらの議題に取り上げることになるが、実際に地域変容の成果が強く認識されている学校ではそれらの議題を頻繁に取り上げている実態が見られた。

表5　学校運営協議会で取り上げた議題　- 地域変容関係項目 -

地域人材の活用	地域変容 ［多群］	地域変容 ［中群］	地域変容 ［少群］	合　計
よく取り上げられる	114 (36.8%)	117 (37.7%)	79 (25.5%)	310 (100%)
ときどき取り上げられる	60 (18.5%)	122 (37.7%)	142 (43.8%)	324 (100%)
取り上げられたことはない	4 (16.0%)	3 (12.0%)	18 (72.0%)	25 (100%)
全　体	178 (27.0%)	242 (36.7%)	239 (36.3%)	659 (100%)

地域や保護者の巻き込み方	地域変容 ［多群］	地域変容 ［中群］	地域変容 ［少群］	合　計
よく取り上げられる	86 (35.2%)	95 (38.9%)	63 (25.8%)	244 (100%)
ときどき取り上げられる	81 (22.8%)	131 (36.8%)	144 (40.4%)	356 (100%)
取り上げられたことはない	11 (19.0%)	16 (27.6%)	31 (53.4%)	58 (100%)
全　体	178 (27.1%)	242 (36.8%)	238 (36.2%)	658 (100%)

学校運営協議会設置規則の分析

　学校運営協議会の権限や運用形態は多様であるが、この多様性は各教育委員会の学校運営協議会設置規則の内容と無関係ではない。しかし、これまで設置規則の全国的実態は明らかにされてこなかった。そこで、2015（平成27）年に、全国の教育委員会のうちコミュニティ・スクールを導入している教育委員会の学校運営協議会設置規則をすべて収集し、それら設置規則で定められている学校運営協議会の権限関係規程並びに委員関係規程の内容分析から試みることにした。まず、設置規則の自治体規模種×地方別の収集数を、表6に示しておこう。

表6　学校運営協議会設置規則の収集数（2015年調査）

自治体規模		地方名							
		1 北海道・東北	2 関東	3 中部	4 近畿	5 中国	6 四国	7 九州・沖縄	合計
道県+県庁所在地+指定都市	度数*1	1	3	1	5	2	1	3	16
	%	7.1%	18.1%	6.2%	31.2%	12.5%	6.2%	18.8%	100%
市区	度数	9	23	17	17	16	5	40	127
	%	7.1%	18.1%	13.4%	13.4%	12.6%	3.9%	31.5%	100%
町村+組合	度数	15	3	17	7	14	13	23	94
	%	16.0%	3.2%	18.1%	7.4%	14.9%	14.9%	25.5%	100%
全　体	度数	25	29	35	29	32	20	67	237
	%	10.5%	12.2%	14.8%	12.2%	13.5%	8.4%	28.3%	100%

＊1　度数は本文中を含めて便宜的に「自治体」を単位として表記した。
＊2　「近畿」は三重県を含む。

1 コミュニティ・スクールの指定

　もともとのコミュニティ・スクール制度は学校評議員制度とは異な

り、指定期間を定めるものとされていた。2015(平成 27)年時点の調査
では全国平均 2.6 年であった。通常は指定期間に達すると再指定によっ
て継続されるが、これまでいくつかの自治体では再指定がなされない
ケースも見られ、その多くは学校統廃合等に伴うケースであった。

　ところが、2017（平成 29）年の地教行法改正によって、教育委員会
がコミュニティ・スクール制度を導入することが努力義務化されたこと
に伴い、同法条文からは「指定」の文言が外され、「対象校」に改めら
れた。従来は、教育委員会がコミュニティ・スクール制度を導入したと
しても、所管校のうち特定の学校を「指定」する形を取っていたが、法
改正によって、所管校すべてをコミュニティ・スクールにするよう努め
ることとなったのである（本書の第 2 部補章（156 頁）を参照された
い）。むろん努力義務であるから、特定校のみをコミュニティ・スクー
ルにすることも可能である。また、同時に「指定期間」の文言も条文か
ら削除されたが、この場合も努力義務化に伴う措置であるから、指定期
間を設定することも不可能ではない。現に、京都市などは学校運営協議
会設置規則に「指定期間」を定めたままにしている。また、規則で「指
定」の文言をそのまま用いている教育委員会も存在している。

　そこで、ここでは参考までに、2015（平成 27）年時点の調査から地
方別の指定期間（平均値）を表 7 に記しておくことにしよう。

　表 7 によると、全国平均は記述したように 2.6 年である。地方別に
見ると、期間が長い地方は、「関東」（3.2 年）、「中部」（2.8 年）であ
り、それが最も短いのは「近畿」（2.2 年）である。もともと保護者・
住民等の利害関係者等の学校運営参画、すなわちスクール・ガバナンス
を重視している「関東」では指定期間が長く、地域ボランティアなどに
よる学校支援活動に比重を置いていた、いわばソーシャル・キャピタル
重視の「近畿」ではその期間が短い結果となる。

表7　コミュニティ・スクール指定期間 - 地方別 - （2015年5月現在）

地方名	1 北海道・東北	2 関東	3 中部	4 近畿	5 中国	6 四国	7 九州・沖縄	全 体
平均値（年）	2.6	3.2	2.8	2.2	2.5	2.4	2.4	2.6
導入自治体数	25	29	35	29	32	20	67	237

2 学校運営協議会権限等の位置づけ

（1）学校運営協議会のマター

　各設置規則は、いずれも地教行法に基づく制度として学校運営協議会を位置づけているが、法が定める3つの権限に関する規程及び自治体独自に定めた権限等に注目すると、自治体によって様々であることがわかる。なお、ここでは、法に基づく場合を「法定権限」、自治体が独自に定める権限・役割を「法定外権限等」とし、これらを包括する場合には「権限等」と記すことにした。

　表8は、各設置規則において、学校運営協議会の法定権限の各規程が「有り」の割合を示している（2015年8月現在）。表中右欄の「全体」では「承認」97.0％（230自治体。後述する「条件付き」を含む）、「運営意見（教育委員会に対する場合）」91.6％（57.4％＋34.2％）（217自治体）、「任用」67.9％（38.4％＋29.5％）（161自治体）となる。「承認」及び「運営意見」はほとんどの教育委員会の設置規則に記されているが、「任用」に関する規程があるのは約67％の自治体にとどまり、近年その規定率は低下している（2013年時点75.8％）。確かに、地教行法に基づく制度であるから、学校運営協議会は法定3権限のすべてを行使できるが、それら法定権限、特に「任用」をあえて設置規則に明記していない自治体が38団体（24.2％）存在する。ここに「任用」回避の姿勢が表れている。

表 8　学校運営協議会の法定権限の規定率 - 地方別 -

権限規程の有無等			地方名							全体
			1北海道・東北	2関東	3中部	4近畿	5中国	6四国	7九州・沖縄	
承認権限	有り	度数	25	27	35	27	32	20	64	230
		%	100%	93.1%	100%	93.1%	100%	100%	95.5%	97.0%
運営意見権限	有り	度数	20	24	27	9	17	5	34	136
		%	80.0%	82.8%	77.1%	31.0%	53.1%	25.0%	50.7%	57.4%
	有り・条件付き	度数	0	2	5	16	13	15	30	81
		%	0%	6.9%	14.3%	55.2%	40.6%	75.0%	44.8%	34.2%
任用意見権限	有り	度数	20	20	13	2	9	2	25	91
		%	80.0%	69.0%	37.1%	6.9%	28.1%	10.0%	37.3%	38.4%
	有り・条件付き	度数	0	1	5	9	10	15	30	70
		%	0%	3.4%	14.3%	31.0%	31.2%	75.0%	44.8%	29.5%
教委数		13	25	29	35	29	32	20	67	237

最初に、「承認」規定率を見ると、全体的に100%の自治体が多い中、「関東」「近畿」「九州・沖縄」は100%を割るが、これら地方に「無し」の自治体が存在するからである。ただ、これら地方には、権限の基本中の基本ともいえる「承認」さえも避けようとする自治体が存在することは、注目に値する。

また、「運営意見」規程「有り」＋「有り・条件付き」の合計値について、「北海道・東北」は、2013年の76.5%から80.0%に増加した。ただし、「運営意見」を欠く自治体数はいずれの地方でも1団体から3団体に過ぎない。「任用」への最終的な対応は教育委員会マターなのに対して、校長への「運営意見」の初期対応は学校マターとされるため、教委が現場での混乱を懸念してか、これら自治体では「運営意見」を避けようとするものと思われる。

そして、「任用」規程「有り」（「有り・条件付き」を含む）の規定率を7地方別（三重県は「近畿」）に見ると、「四国」の85.0%を最高に、以下、「九州・沖縄」82.1%、「北海道・東北」80.0%が続く。そして、「近畿」37.9%と数値が著しく低下する。2002（平成14）年度から始

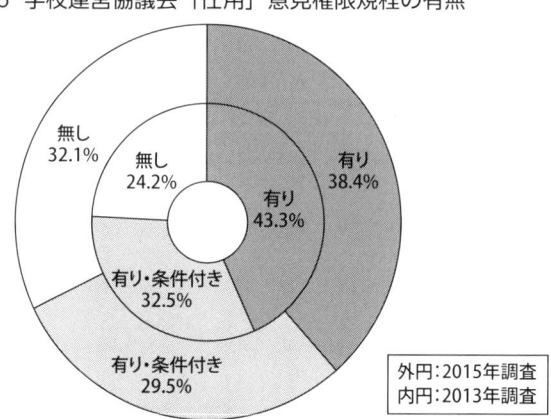

図 6 学校運営協議会「任用」意見権限規程の有無

（円グラフ内のラベル）
無し 32.1%
無し 24.2%
有り 38.4%
有り 43.3%
有り・条件付き 32.5%
有り・条件付き 29.5%

外円：2015年調査
内円：2013年調査

まった文部科学省（以下、「文科省」という）の実践研究指定校は西日本に集中したが、ガバナンスに強くかかわる「任用」権限は、西日本特に「近畿」では避けられる傾向にある。その意味で、この数値の低さは、西川が指摘する「関西型」の特徴を示すものといえよう[54]。

　そして、「任用」規程が明記されていても、「教育委員会に対して意見を述べるときは、あらかじめ校長の意見を聴取しなければならない」などの条件を付している場合がある。そこで、その実態を加味して「任用」規程の有無を見ると、条件なしの「有り」38.4％（2013年調査43.3％）、「有り・条件付き」29.5％（同32.5％）、「無し」32.1％（同24.2％）の割合になる（図6）。このうち「有り・条件付き」は、「近畿」以南の地方に多く、なかでも「四国」は他地方に比べて断然高い数値を示している。「四国」は導入自治体数が少ないとはいえ、「任用」規程「有り」＋「有り・条件付き」の割合が85.0％と高いものの、そのうち条件付き「任用」が多くを占める。「四国」では「任用」意見に対しては慎重な考え方を持つ傾向にあるようだ。

---

54) 西川・前掲注21)

近年の特徴としては、「任用」規程「有り」の割合が低下し、「有り・条件付き」及び「無し」の数値が高くなっていることが指摘できる。

（2）学校運営協議会の「承認」事項の内容

学校運営協議会が持つ 3 つの法定権限のうち、校長が作成した基本方針等の「承認」対象にはどのような具体的事項が定められているのだろうか。

全国の設置規則を概観すると、「教育目標・基本方針」「学校経営計画」「教育課程」「組織編成」「学校予算」「施設・設備」「その他必要な事項」の 7 事項のいずれかを「承認」事項として設定しているパターンが多いことが判明した。さらに、教育委員会によっては、独自の「承認」事項を定めているところもある。例えば、「学習指導や生徒指導に関すること」「地域住民等の協力や参画に関すること」「前年度の運営実績に関すること」などの実例が比較的多く見られる。ユニークな例として、「教職員の研究と修養に関すること」（玖珠町）、「予算及び人事に関する事項」（日向市）など、教職員にかかわる事項を「承認」対象に位置づけている自治体もある。それら独自事項を明記する自治体は南日本に多い。

（3）「承認」対象事項数

まず、「承認」の対象事項数を算出してみよう（この場合は、2013年調査）。表 9 によれば、最多事項は「教育課程」（84.7%、133 自治体）で、次いで「その他必要な事項」（63.6%）、「学校予算」（60.5%）が続き、一方、その数が少ない事項には、「教育目標・基本方針」（48.4%、76 自治体）、「施設・設備」（49.0%、77 自治体）がある。8 割以上の教育委員会では「教育課程」を「承認」事項に位置づけている。教育課程に関する協議の中で、学習指導における地域人材の活用や学校行事などが議論ないしは意見交換がなされ、これらを経て「承認」に至るのであろう。

表9　学校運営協議会の「承認」事項別の規定率‐教育委員会数‐(2013年調査)

	教育目標・基本方針	学校経営計画	教育課程	組織編成	学校予算	施設・設備	その他必要な事項	教委の独自項目	「承認」事項計	1教委当たり平均数	自治体数
自治体数	76	93	133	81	95	77	100	38	693	4.4	157
規程自治体の割合%	48.4%	59.2%	84.7%	51.6%	60.5%	49.0%	63.6%	24.2%	—	—	100.0%

　実際、筆者らの調査[55] によれば、学校運営協議会の議題として取り上げられた事項は、「学校行事」が最多の 69.6% で、次いで「学校評価」61.0%、「地域人材の活用」46.8% となっている。「学校行事」や「地域人材の活用」は「教育課程」に関する議題になる。

　これに対して、約 5 割の教育委員会では「施設・設備」及び「教育目標・基本方針」を「承認」対象に位置づけていない。「施設・設備」については教育委員会マター意識が強く、「教育目標・基本方針」は従来の学校マター意識が抜けきらないのかもしれない。ただ、「施設・設備」については、「関東」が最も多く（88%、22 自治体）、反対に、「四国」は最も少ない（13.4%、2 自治体）。

　「教育目標・基本方針」は 48.4% と、他の事項の中で最も低くなっているが、これは他の事項に比べて学校運営の根幹にかかわるからか、避けられる傾向にある。ただし、この「教育目標・基本方針」規定率は「四国」では最高値の 73.3% になり、第 2 位の「関東」の 68% を上回る結果になった。「四国」は、「施設・設備」というハードウェアよりも「教育目標・基本方針」というソフトウェア事項に重点を置く傾向にあるといえよう。

---

55) コミュニティ・スクール研究会・前掲注 5)

（4）学校運営協議会の法定外権限等

〈1〉法定外権限等の規定率

　それでは、学校運営協議会の法定権限以外に、教育委員会が独自に定める法定外権限に関する規程の実態を見ることにしよう。

　表10は、その結果を地方別に記してある。表10「全体」によれば、「学校評価」（74.7%、177自治体）、「情報提供」（74.6％、176自治体）が多くの設置規則で明記されている。その規程には、学校評価について、「学校運営協議会は指定学校の運営状況について、点検及び評価を行うものとする」という表記が多い。また、「学校教育法施行規則第六七条に規定する評価を行う」と正確に根拠を示している例もある（例えば、高知県いの町）。

表10　学校運営協議会の法定外権限に関する規程自治体 - 地方別 -（自治体数）

法定外権限規程	「有り」の回答	地方名							全体
		1 北海道・東北	2 関東	3 中部	4 近畿	5 中国	6 四国	7 九州・沖縄	
学校評価	度数	23	23	20	20	23	11	57	177
	%	92.0%	79.3%	57.1%	69.0%	71.9%	55.0%	85.1%	74.7%
情報提供	度数	19	18	26	21	19	19	54	176
	%	79.2%	62.1%	74.3%	72.4%	59.4%	95.0%	80.6%	74.6%
意見の把握と反映	度数	3	4	4	4	0	10	7	32
	%	13.0%	13.8%	11.4%	13.8%	0.0%	50.0%	10.4%	13.6%
住民参画の促進	度数	6	3	7	10	13	10	41	90
	%	25.0%	10.3%	20.0%	34.5%	40.6%	50.0%	61.2%	38.1%
その他	度数	0	0	6	0	0	2	4	12
	%	0.0%	0.0%	17.6%	0.0%	0.0%	10.0%	6.0%	5.2%
%母数		25	29	35	29	32	20	67	237

〈2〉法定外権限等規定率　―地方別―

　「学校評価」の規定率を地方別に見ると（表10）、「北海道・東北」が92.0%と最も多く、次いで「九州・沖縄」85.1%、「関東」79.3%、が続く。「四国」は55.0%と最低になる。これら規程を定めた教育委員会の所管校には、学校関係者評価を学校運営協議会で実施したり、別途

組織で実施した評価を協議したりしている例が多い。

　次に、地域住民等に対する「情報提供」はどうだろうか。設置規則では、「協議会は、保護者、地域住民等に対して、積極的に活動状況を公開する等情報提供に努めなければならない」などと表記される。この規定率は、「全体」で、「学校評価」とほぼ同数の 74.6%（176 自治体）となり、「情報提供」は 8 割近い教委規則で規定されている。地方別では、「四国」が最高の 95.0% で、「中国」が最低の 59.4% である。

　「意見の把握と反映」は、設置規則上「協議会は、保護者、地域住民等の意見、要望を把握し、その運営に反映するよう努めなければならない」などと記されているように、意見や要望は学校運営に直接向けられるのではなく、学校運営協議会の運営に反映させる形になっている。この権限等は、保護者・地域住民等への情報提供と相補関係にある。「全体」では 13.6% と少ないが、地方別に見ると、「四国」（50.0%）の高さが目立つ。「中国」は 0% だが、その他の地方でも 10% 前後にとどまっている。「意見の把握と反映」は、一部自治体に限定された派生的な法定外権限活動になっていることがわかる。

　「住民参画の促進」とは、「協議会は、当該指定学校の運営について、地域住民等（保護者を含む）の理解、協力、参画等が促進されるよう努めなければならない」などの規程のことである。これは、「全体」で、おおよそ 3 分の 1（38.1%）の自治体で規定されている。この場合、「九州・沖縄」及び「四国」が半数以上であるように、南日本で多く見られる。

　全体を概観すると、「四国」の場合、50% 以上の自治体が法定外権限を設置規則に取り上げており、それだけ学校運営協議会に期待する傾向が強いことがわかる。

　これらを設置規則制定年（年度ではない）で見ると、年による数値のばらつきはあるものの、制定年による一定の傾向は見出されなかった。

〈3〉法定外権限の規定率　－自治体規模別－

表 11　学校運営協議会法定外権限の規程自治体 - 自治体規模別 -（自治体数）

法定外権限規程「有り」の教委規則		道県＋県庁所在地＋指定都市	市　区	町　村	全　体
学校評価	度数	10	91	76	177
	%	62.5%	74.0%	77.6%	74.7%
情報提供	度数	12	87	78	177
	%	75.0%	70.7%	79.6%	74.7%
意見の把握と反映	度数	2	17	13	32
	%	12.5%	13.8%	13.3%	13.5%
住民参画の促進	度数	4	54	32	90
	%	25.0%	43.9%	32.7%	38.0%
合　計	%母数	16	123	98	237

　自治体規模別では、表 11 に示したように、法定外権限について町村の数値（規定率）が高い傾向にある。これに対して、「道県＋県庁所在地＋指定都市」という都市部は、各項目で数値が低い。これら数値から、自治体規模が小さいほど、多様な権限等を学校運営協議会に託していることがわかる。

　ちなみに、東京都世田谷区の場合、学校運営協議会の権限等が縮小されているが、これはほかに別組織が設置されているためである。同区立学校には、学校運営協議会のほかに、学校関係者評価委員、学校協議会、学校評議員が置かれ、それぞれの役割を果たしている。つまり、同区では学校運営協議会だけでなく、各組織が学校のガバナンスを役割分担する形態を採用している。都市部の大規模自治体ではそうした組織間の役割分担が可能だが、町村など小規模自治体の場合には、それが困難なために、学校運営協議会にガバナンス機能を集約させているものと考えられる。

3 委員に関する規程

(1) 委員選出方法等

〈1〉委員の選出枠組み

　学校運営協議会の委員の選出枠組みは、地教行法では「地域住民」「保護者」「その他教育委員会が必要と認める者」と定められていることから、これらは必置と解されるが、文科省の『手引き』[56] には、そのほかに「その学校の校長や教諭」「大学教授等教育行政や学校教育に識見を有する有識者」「社会教育関係者」などが考えられると記されている。ただし、教職員の「任用」意見を扱うことから、児童生徒を委員とすることは想定されていない。

　そうした枠組みが示されているなか、各設置規則では多様な枠組みが設けられているが、典型的なパターンを示せば、「保護者」・「地域住民」・「校長」・「教職員」・「学識経験者」・「関係行政機関職員」・「その他必要と認める者」（計7種）となる。これに「学校関係者（卒業生等）」を加える例も珍しくない。実際には、各自治体において、これらの組み合わせによって、多様な枠組みが形づくられている。

　選出枠組み数は、最低「0」～最高「8」種、平均で約5.8種である。このうち「0」は三重県津市で、同市は、「（1）破産者で復権を得ない者」または「禁固以上の刑に処せられた者」以外で、校長推薦による者と定めているだけで、枠組みに関して積極的に規定していない、唯一の自治体である（2015（平成27）年5月現在）。つまり、津市では委員選出に校長の裁量権が大きく残されているわけである。

56）文部科学省『コミュニティ・スクール設置の手引き』（2006年）

表 12　学校運営協議会委員の選出枠 - 地方別 - （単位：種類）

選出枠	地方名	1北海道・東北	2関東	3中部	4近畿	5中国	6四国	7九州・沖縄	全体
保護者	度数	25	29	35	27	31	20	66	233
	%	100%	100%	100%	93.1%	96.6%	100%	98.5%	98.7%
地域住民	度数	25	29	35	27	31	20	66	233
	%	100%	100%	100%	93.1%	96.6%	100%	98.5%	98.7%
校　長	度数	24	25	25	12	22	8	54	170
	%	96.0%	86.2%	71.4%	41.4%	68.8%	40.0%	80.6%	71.7%
教職員	度数	23	18	23	15	26	9	53	167
	%	92.0%	62.1%	65.7%	51.7%	81.2%	45.0%	79.1%	70.5%
学識経験者	度数	20	28	27	14	29	18	55	191
	%	80.0%	96.6%	77.1%	48.3%	90.6%	90.0%	82.1%	80.6%
関係行政機関職員	度数	20	11	17	11	12	7	43	121
	%	87.3%	37.9%	48.6%	37.9%	37.5%	35.0%	64.2%	51.5%
その他委員	度数	25	28	35	26	32	20	66	232
	%	100%	96.6%	100%	89.7%	100%	100%	98.5%	97.9%
学校関係者（卒業生等）	度数	3	2	3	2	5	8	1	24
	%	13.0%	6.9%	8.6%	6.9%	15.6%	40.0%	1.5%	10.3%
その他（独自の枠組）	度数	0	1	2	0	0	0	3	6
	%	0%	3.4%	5.7%	0%	0%	0%	4.5%	2.6%
導入自治体数	度数	25	29	35	28	32	20	67	236
平均数（枠組み種の数）		6.6	5.9	5.7	4.8	5.9	5.2	6.1	5.8

※地方別欄の%は「合計」を母数とする数値である。なお、1自治体（津市）については特に規定されていない。

〈2〉委員選出枠組みの数 - 地方別 -

　地方別の枠組み種の数を見ると（表 12 の最下欄「平均数（枠組み種の数）」）、多い順に「北海道・東北」（6.6 種）、「九州・沖縄」（6.1）、「中国」（5.9）、「関東」（5.9）、「中部」（5.7）、「四国」（5.2）、「近畿」（4.8）となる。全体的に、「北海道・東北」で多く、「近畿」で少ないほか、他の地方は 5 種台に揃っている。「北海道・東北」は前述した典型的なパターンどおりの枠組みを設け、広くアクター（委員）を求めている。これに対して、「近畿」は学校支援にシフトしているためか、アクターの範囲を限定する傾向が見られた。

「その他（独自の枠組み）」には、「副校長」、「学校支援ボランティア」、「町職員」などの例がある。

〈3〉委員の定数

　委員定数は、最低の6人から最高の30人まで幅広く、平均で15.0人になる。最も少ない例は小林市の6人で、最も多い例は北広島市（北海道）・三鷹市（東京都）・小国町（熊本県）の3自治体の30人である。このほか、定数を設置規則で定めていない自治体があるので、30人を超える例もあるようだ。

　そこで、定数を定めていない自治体を除いた212自治体の定数を地方別平均で算出すると、表13のようになる。地方別に集計すると、各地方間に大きな違いがなく平均値の14.6人に近づくが、平均値より多いところは、「中部」17.5人、「関東」15.1人で、「北海道・東北」及び「近畿」は平均値の14.6人となる。それ以下は、「中国」12.9人、「四国」14.0人、「九州・沖縄」13.8人である。

表13　学校運営協議会の委員定数（平均人数）

地方名	1北海道・東北	2関東	3中部	4近畿	5中国	6四国	7九州・沖縄	全体
委員数（人）	14.6	15.1	17.5	14.6	12.9	14.0	13.8	14.6
自治体数	25	28	33	19	25	17	65	212

※「規程無し」及び「協議等により決定」等を除く。

　図示していないが、小規模自治体では委員人材の確保が困難だといわれることから、自治体規模別に委員定数の平均値を算出すると、「道県＋県庁所在地＋指定市」15.0人、市区14.9人、町村13.6人となり、町村が若干少ないことが分かる。この数字を見る限りでは、小規模自治体である町村は、人材不足を考慮して定数を抑えているわけではないことがわかる。ちなみに、定数30人の熊本県小国町の人口は、4,412人（2015年）である。

　定数未制定の場合、表 14 のように、「学校の実態・規模」に応じたり、「校長と協議」したりした上で、教育委員会や教育長が弾力的に定める例もある。

表 14　その他の委員定数規程

委員定数に関する規程	自治体数
「各学校の実態・規模に応じて、教育長が別に定める」等	2
「設置校の校長と協議の上、教育委員会が定める」等	16
定数規程なし	6

　なお、設置規則中の委員定数枠の分布状況をボックス・プロットで示すと、標準偏差の小さい「近畿」は 5 自治体（図中の「外れ値」20、21、22、138、153 の自治体）を除いて、15 人に集中していることが明確である（図 7）。また、「中国」、「四国」も分散が小さく、中央値より下方にヒゲを延ばしているもののその長さが短めで、10 人前後にほぼまとまっている。つまり、これら「近畿」「中国」「四国」の教育委員会は特定の自治体例を参考にして定数をある程度揃えたことが推察さ

図 7　学校運営協議委員定数の分布　−地方別−

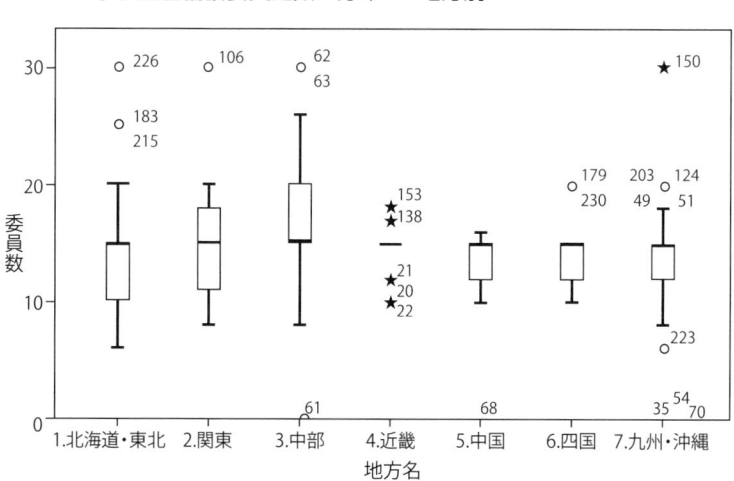

れる。これに対して、「北海道・東北」「中部」は分散幅が大きく、「九州・沖縄」は自治体が多いことが影響して、外れ値が多く人数がばらついている。つまり、それぞれの自治体の教育委員会が独自性にこだわったのか、あるいは地域性に応じて定数を設定したのか、そのいずれかによるものと察せられる。

〈4〉委員の任期とコミュニティ・スクール指定期間

委員の平均任期は1.33年である。ただし、設置規則の中には任期に関する規程がない例も見られた（東京都新宿区）。これら任期の年数は図8のように示される。

全体的に、「1年」及び「2年」（「2年以内」を含む）とする自治体が最も多い（160自治体）。だが、「任命から年度末」を「1年」とみなせば、「1年」が149自治体（62.9%）と最多になる。「3年」は秋田県由利本荘市と岡山県美咲町など7自治体である。これら「3年」と新宿区を除く229自治体の設置規則は、「任期2年」以内と定めていることがわかる。

図8 学校運営協議会委員の任期

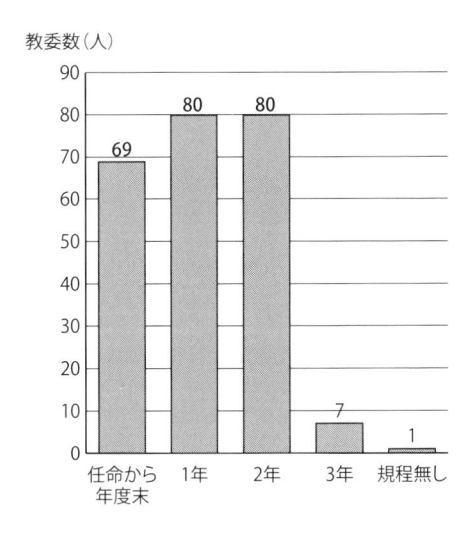

任期の平均年数を地方別に分析したところ、表15に示した結果が得られた。表上欄は2013（平成25）年5月以前にコミュニティ・スクールを指定した教育委員会の規則で、下欄は同年6月以降に指定した教育委員会の規則の数値である。つまり、2013（平成25）年5月と6月を境にその前後の傾向を析出したのである。

　両数値を比較すると、「全体」では 2013（平成 25）年 5 月以前の 14.3 年から同年 6 月以降には 1.32 年と短くなっている。特に、「関東」「中国」は 0.4 年以上短くなった。「中部」は唯一年数が長くなっている。

　その「中部」を除けば、全体的に新しい導入 (指定した) 教育委員会は委員の交代が短期間で行えるよう配慮したものと考えることができるのである。

表 15　学校運営協議会委員の任期
-2013 年 5 月以前制定と 6 月以降制定の比較 -

地方名		1北海道・東北	2関東	3中部	4近畿	5中国	6四国	7九州・沖縄	全体
2013年5月以前制定	平均（年）教委数	2.00	1.5	1.21	1.26	1.61	1.33	1.32	1.43
		13	24	14	23	23	15	44	156
2013年6月以降制定	平均（年）教委数	1.67	1.00	1.48	1.17	1.22	1.20	1.13	1.32
		12	3	21	6	9	5	23	79

＊明記していない「教委」を除く。

（2）委員の活動環境
〈1〉報酬の有無

　委員は、特別職の公務員であるから、原則として報酬が支払われることになる。しかし、実際には無償とされている例が少なくない。そこで、委員に対する報酬規程の有無の実態を見ると、図 9 に記したように、「有り」29.5%、「有り・無償」12.7%、「無し」57.8% となる。このうち、「有り・無償」は、「委員を地方公務員法第三条第三項第三号に規定する非常勤の特別職」と位置づけながらも、「ただし、報酬は、無償とする」という場合のことを指す。この割合が 1 割以上存在している。「有り・無償」を自治体規模別に見たところ、「道県＋県庁所在地＋指定市」0%、「市区」11.2%（14 自治体）、「町村」12.5%（10 自治体）であることが判明した（図示なし）。

　ただし、「無し」は 2013 年調査より若干増えているが、この場合で

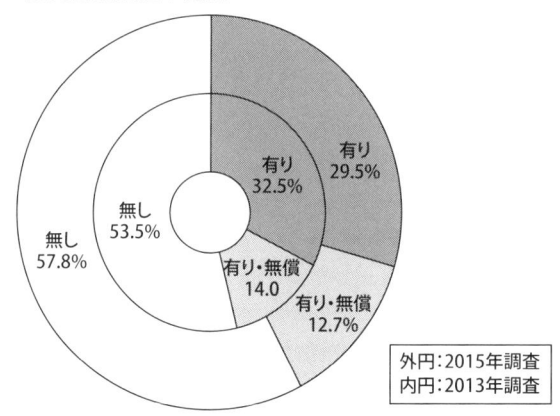

図 9　委員報酬規程の有無

有り
32.5%

有り
29.5%

無し
53.5%

無し
57.8%

有り・無償
14.0

有り・無償
12.7%

外円：2015年調査
内円：2013年調査

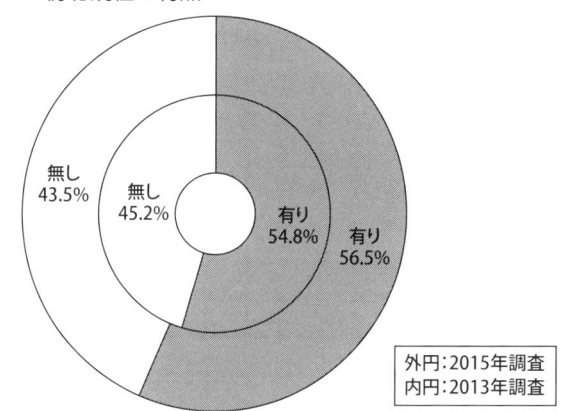

図 10　傍聴規程の有無

無し
43.5%

無し
45.2%

有り
54.8%

有り
56.5%

外円：2015年調査
内円：2013年調査

も、「無償」を意味するわけではなく、条例や設置要領等で定めているケースが見られる。例えば、東京都世田谷区は設置規則ではなく、学校運営協議会会議要領で報酬額を定めている。

〈2〉会議の傍聴・公開の有無

　学校運営協議会の会議をめぐる課題として、傍聴の可否が指摘でき

る。傍聴は、内部アクターである委員のほかの保護者や地域住民を、一時的であるにせよ外部アクターに位置づけ、ガバナンスの拡大と強化をもたらす方法になる。会議をいわば「内輪」にとどめず、広く公開することによって、馴れ合い的議論にならないよう「可視化」を促す役割を果たすからである。

　設置規則には公開とする例もあるが、ここではこれと傍聴を同義と解して、その規定率を算出した。図 10 はその結果を示しているが、傍聴規程「有り」56.5%、「無し」43.5% でほぼ二分されるが、「有り」が若干増えている。図にはないが自治体規模別に集計したところ、「有り」は「道県・県庁所在地＋指定市」42.9%、「市区」56.8%、「町村」55.0% となり、大規模の「道県・県庁所在地」では低い。また、「有り」の場合でも、教職員の任用・人事に関する協議がなされる場合には、傍聴を認めないという例がほとんどである。

4　学校運営協議会設置規則から見えたこと

　これまで述べてきたことは、おおよそ次の 10 項目に集約される。

①コミュニティ・スクール指定期間は法律上必要ではなくなったが、平均年数 2.6 年で、地方別では「関東」が長く、「近畿」は短いなど、地域性が見出される。

②学校運営協議会の権限のうち、「承認」「運営意見」は 100% 近い設置規則で規定されているが、「任用」に関しては、約 67.9% の設置規則で規定されるにとどまる。見方を変えれば、約 3 割の自治体の設置規則には「任用」規程を欠くことになる。

③学校運営協議会の「承認」対象事項は、「教育課程」（84.7%）が最も多く、次いで、「学校予算」（60.5%）、「学校経営計画」（59.2%）が続く。「教育課程」の規定率が高いのは、教育活動に直接関係する事項を扱うのが学校運営協議会だという認識が広く浸透した結果だと

考えられる。

④学校運営協議会の権限等として、地教行法に定められていない事項（「法定外権限等」）を設置規則で明記している例が見られた。その具体的な権限等として、最も多いのが「学校評価」及び「情報提供」（約75%）であった。そのほかに、「意見の把握と反映」（13.6%）及び「住民参画の促進」（38.1%）も見られたが、これらを定める設置規則は多くない。学校運営協議会は学校関係者評価の主体になったり、評価結果を協議したりするなど、学校関係者評価との強い関係性を有する実態が指摘できる。「情報提供」に関しては、保護者・地域住民等のステイク・ホルダーの巻き込みを意図しているからだと考えられる。

　　また、自治体規模別に見ると、それら法定外権限を取り上げているのは、都市部の大規模自治体よりも、町村など小規模自治体の設置規則に多い傾向がある。小規模自治体では、学校運営協議会に対する強い期待があるものと推察できる。

⑤学校運営協議会の委員選出枠組み（選出母体）は、「保護者」「地域住民」「校長」「教職員」「学識経験者」「関係行政機関職員」「その他委員」という7種にほぼ集約され、これらの選択的な組み合わせによって定められている設置規則が多い。このうち、「保護者」「地域住民」「その他委員」は、9割以上の設置規則で規定されているように、学校運営協議会にとって必須ともいえる存在に位置づけられている。そのほか、「卒業生等」という自治体も約15%見られた。

⑥委員定数は、6人から30人まで幅広い範囲に及ぶが、なかには規定されていない自治体もある。定数の全国平均人数は14.6人だが、地方による差が若干見られ、「中部」「関東」「北海道・東北」という中部以東で多く、南西側では平均人数を下回っていた。

⑦委員の任期は、「1年」及び「2年」が多い。なかには、「任命から年度末」という規程が69自治体見られた。「3年」は5自治体ある。

⑧委員報酬に関する規程は、「有り」29.5%・「有り・無償」12.7%・「無

し」57.8% となり、約半数の設置規則には存在しない。ただし、「無し」の場合でも、設置規則以外の要綱等で有償規程を設けている自治体もある。委員は特別職の公務員であるから、本来は有償であるべきだが、規程「有り・無償」の設置規則が 12.7% 見られたことは、コミュニティ・スクールをめぐる今後の一つの課題を暗示しているように思われる。

⑨協議会の会議傍聴等の規程については、「有り」56.5%、「無し」43.5% で、ほぼ二分された。むろん、教職員の任用・人事に関する協議では傍聴を認めないのが原則だが、委員以外にも広くステイク・ホルダーの参画を促すためには傍聴規程は不可欠となると考えられる。なお、2015（平成 27）年度調査[57] によれば、「会議は公開されている」の回答が 33.4%（公開を原則とするが、議事によっては非公開の回答を含む）であり、「特に決めていない」60.3%、「非公開」6.3% であった。調査時点が異なるものの、傍聴規程「無し」でも、「特に決めていない」ので、場合によっては傍聴を認める例も存在するかもしれない。

　以上に述べたように、学校運営協議会設置規則は地域性や学校の実情に応じて、地教行法の規程に基づく権限を精選したり、あるいは権限以外の役割等を加えたりしてアレンジした結果、全国的な多様性を見せるようになったのである。

---

57) コミュニティ・スクール研究会・前掲注 5)

　下図は、規則制定年度別に学校運営協議会の権限規程4タイプの割合を分析した結果を表している。地教行法の3権限規程をそのまま規則に盛り込んだ「完全型」は、2004年度〜07年度には43.6％を占めていたが、その後、2008年度〜11年度には33.9％となり、さらに、2012年度〜15年度には31.7％に減少している。同様に、「制約型」も制定年度が新しくなるにつれて減少している。

　これに対して、「欠損型（1欠）」は制定年度が新しくなると数値が高くなり、「欠損型（2欠）」は著しい数値の変化はない。これらデータからは、「任用」や「教委に対する意見申し出」を控えようとする教育委員会が増加してきていることが分かる。

　そうした傾向の延長線上で、2017年3月に地教行法が一部改正され、「任用意見」を含む教育委員会への意見申し出については地域の実情に合わせて教育委員会規則で定めることができるようになったのである。

　したがって、その是非は別にしても、今後は「欠損型（1欠）」が全国的に増えることが予想されるのである。

参考図　学校運営評議会の権限規定タイプ × 規則制定年度群

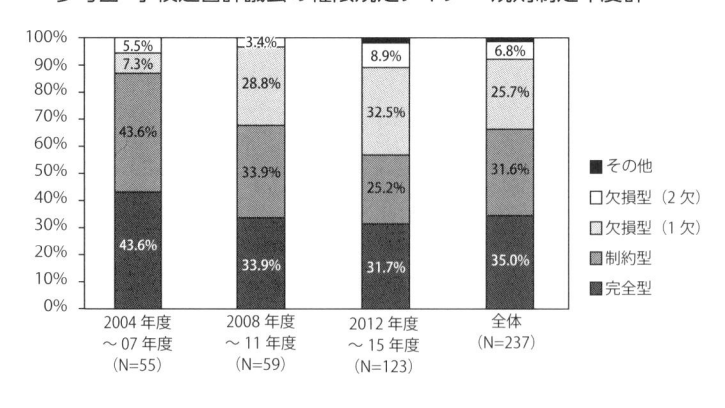

［4 タイプの定義］

完全型：「承認」「運営意見申し出」「任用意見申し出」の 3 権限をそのまま規程に盛り込んでいる規則のタイプ

制約型：「承認」「運営意見申し出」「任用意見申し出」のうち、多くは「教委に対する運営、意見申し出」と「任用意見申し出」に際して、校長の事前意見聴取を条件付けている規則のタイプ

欠損型（1 欠）：「承認」「運営意見申し出」「任用意見申し出」のうち、多くは「任用意見申し出」を欠いている規則のタイプ

欠損型（2 欠）：「承認」「運営意見申し出」「任用意見申し出」のうち、多くは「運営意見申し出」「任用意見申し出」の 2 権限を欠いている規則のタイプ

第 2 部

調査から考察する
コミュニティ・スクールの
実態

第1章

調査の概要

1 急増したコミュニティ・スクール

　学校運営協議会は、地方教育行政の組織及び運営に関する法律（以下、「地教行法」という）に基づいて設置されるが、法的根拠を持たない類似制度も存在している。例えば、八戸市の地域学校連携協議会や福井県の地域・学校協議会などがそうである。これらは学校運営協議会に与えられた教職員任用に関する意見申出権を欠いた機関であるが、学校と地域を活性化する仕組みであれば、教育委員会独自の施策として重要な役割を果たすことになろう。

2 学校運営協議会は学校のミカタ
ー学校監視機関ではないー

　ただ、大阪市の学校活性化条例で定められた「学校協議会」は事情が異なる。なぜなら、学校を元気にするというよりも、学校を監視させるような上意下達の一環に位置する仕組みだからである。大阪市の新たな学校協議会は、不適切教員に関する意見を述べることができ、さらに意見申出に基づく校長の措置に対して教育委員会に不服申し立てを行う権限が与えられているように、学校や教職員を監視させようとする仕組みなのである。また、委員人選に関して区長の介入を認めるものとされている。ところが、協議会には、教職員の任用に関する意見具申権や基本方針に対する承認権は与えられていない。

　このように、大阪市の学校協議会は、現在、文部科学省（以下、「文

科省」という）によって推進されているコミュニティ・スクールとは趣旨が異なるものである。コミュニティ・スクールは、保護者や地域の力を活かして学校改善を促す、いわば「学校のミカタ」としての役割が期待される制度なのである。

3 学校改善にも高い成果認識

　さて、現在、コミュニティ・スクールの実態はどうなっているのか。筆者らが文科省委託研究として実施した調査[1]によると、コミュニティ・スクール指定校の約8割の校長が満足感を抱いていることがわかった。そして、満足／不満にかかわらず指定校校長による成果認識を見ると、筆者らの全国調査で取り上げた30項目のうち肯定値が70％以上の項目は表1のようになる。

　最高値の項目は「学校と地域が情報を共有するようになった」（92.6％）で、いわば「学校と地域間の風通し」がよくなったという成果がほとんどの学校で認識されている。そのほか、「特色ある学校づくりが進んだ」「教職員の意識改革が進んだ」「学校が活性化した」などの項目も見られるように、学校改善が図られた様子がうかがえる。

表1　成果認識の上位項目　－肯定値 70% 以上－　（指定校校長の回答）

N=675校

	全体
J　学校と地域が情報を共有するようになった	92.6%
L　地域が学校に協力的になった	87.7%
O　地域と連携した取組が組織的に行えるようになった	84.0%
A　特色ある学校づくりが進んだ	83.0%

1）コミュニティ・スクール研究会（代表：佐藤晴雄）編『平成23年度文部科学省委託調査研究—コミュニティ・スクールの推進に関する教育委員会及び学校における取組の成果検証に係る調査研究報告書』（日本大学文理学部、2012年）平成23年10〜11月実施。回収数：指定校675校、学校運営協議会委員562人、未指定校807校、教育委員会1126カ所。

R	学校に対する保護者や地域の理解が深まった	82.6%
I	学校関係者評価が効果的に行えるようになった	82.5%
T	保護者・地域に学校支援活動が活発になった	80.6%
F	教職員の意識改革が進んだ	77.4%
K	学校が活性化した	76.1%

　一方、肯定値の下位項目を取り上げてみると、表2に示したような項目が並ぶ。「教職員が子どもと向き合う時間が増えた」（19.8％）、「適切な教員人事がなされた」（23.0％）、「児童生徒の学力が向上した」（36.0％）などは肯定値こそ低いが、見方を変えれば、2割から3割以上の学校で成果が認識されたことになる。特に、「子どもと向き合う時間」を増やすためには、会議を減らすなど様々な工夫が試みられているが、なかなか成果が得られないといわれるなかで、コミュニティ・スクールの指定によって実に2割の学校で成果が現れたことになるのだから、注目されてよい。指定に踏み切ったある教育長は、「指定によってやるべきことは増えたが、やらなくてよいことはもっと増えた」と語ったが、その結果、教職員は子どもと向き合う時間が増えたのであろう。表中にある「保護者や地域からの苦情が減った」（46.2％）は、そうした成果につながっている。つまり、苦情処理が減り、やらなくてよいことが増えたのである。

表2　成果認識の下位項目－肯定値51％以下－（指定校校長の回答）

N=675校

	全体
C 児童生徒の学習意欲が向上した	50.3%
S 保護者や地域からの苦情が減った	46.2%
D 児童生徒の学力が向上した	36.0%
Q 家庭の教育力が向上した	32.9%
H 適切な教員人事がなされた	23.0%
G 教職員が子どもと向き合う時間が増えた	19.8%

4 指定年数が長い学校ほど高い成果認識

　しかも、コミュニティ・スクールしての指定年数が長い（指定年が古い）学校ほど、肯定値の低い項目でも数値が相対的に高い傾向にある（図1）。例えば、「生徒指導上の課題が解決」は「平成23年度」が30.0％なのに対して、「平成16＋17年度」では57.6％であり、「学力が向上」は同じく30.0％に対して、「平成16＋17年度」では54.6％と高い肯定値を示している。ようするに、学校が保護者や地域の意向を反映させながら、地道に努力を積み上げることによって、多くの成果を得るようになったわけである。その意味で、コミュニティ・スクールは、漢方薬のように、長い目でその成果を期待すべきものといえよう。

図1　コミュニティ・スクールの成果認識（指定校）　―下位項目／年度別―

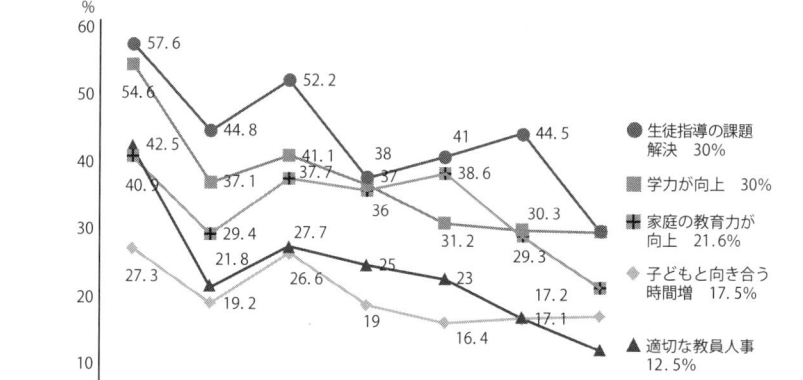

第2章

コミュニティ・スクールの成果

1 コミュニティ・スクールと学力

（1）校長によるわが校の児童生徒の学力認識

　それでは、成果認識のうち、長期的成果の一つともいえる「学力の向上」を中心に取り上げてみたい。

　前章で取り上げた筆者らの調査[2]によると、「児童生徒の学力が向上した」と回答したコミュニティ・スクール指定校校長は、全体では36.0％であったが、「平成16＋17年度」指定校の回答は54.6％と高い。「18年度」は37.1％と下がるが、「19年度」には再び41.1％に上昇し、「18年度」を除けばおおむね指定年度の古い学校、換言すればコミュニティ・スクールとしての経験が長い学校ほど、「学力の向上」が成果として認識されていることになる。全体の36％という数値も決して低いとはいえない。なぜなら、学力を向上させるには教職員による相当の努力と工夫を要するので、約3校に1校で学力向上が見られたとすれば、無視できないからである。

　また、調査では、校長に「学力が高い」か否かについても問うているが（図2）、その結果、「そう思う」の回答は、指定校11.9％、未指定校8.6％で、これに「どちらかといえばそう思う」の回答値を加えると、指定校53.2％、未指定校49.6％となり、統計学的にはともかく、これらの数値を見る限り指定校の方が高い。

　ようするに、校長の認識から見ると、コミュニティ・スクール指定

---

2) コミュニティ・スクール研究会・前掲注1)

校は3校に1校で児童生徒の学力向上が見られ、未指定校よりも学力が若干高い傾向にあることが明らかになったのである。

図2　「児童生徒の学力は高い」—指定校と未指定校の比較—（%）

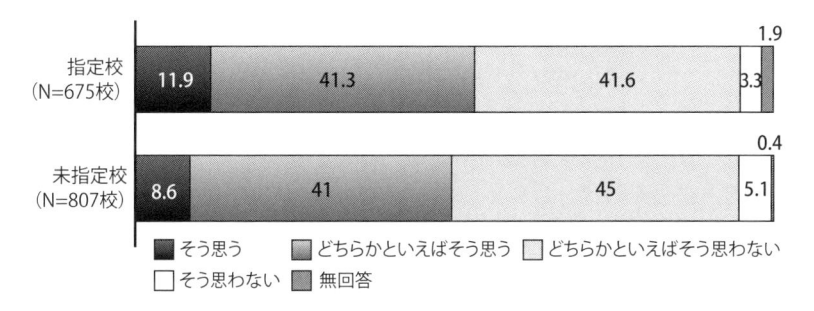

（2）開かれた学校と学力—2013（平成25年）年度全国学力・学習状況調査の結果から

　以上の結果だけでは、学力とコミュニティ・スクールの指定の有無との因果関係は不明だが、コミュニティ・スクールの特徴が何らかの変数を通じて学力向上に関係しているものと考えられる。その変数として考えられるのは「開かれた学校」という視点ではないだろうか。そこで、文科省の2013（平成25）年度全国学力・学習状況調査（以下、「学力調査」[3]という）の結果から、「開かれた学校」と学力との関係について探ってみる。

　次頁の図3は、その調査結果の一部である。まず、「PTAや地域の人が学校の諸活動にボランティアとして参加してくれますか」という質問に対して、「よく参加」と回答した小学校の割合は、「A群」64.0%に対して「B群」は43.3%にとどまる（両群差20.7ポイント）。この「A群」は平均正答率を5ポイント以上上回る学校群で、「B群」はそれを

---

3) 平成25年度調査は、A群とB群を比較した結果を示していることから、ここで取り上げることとした。

5 ポイント以上下回る学校群であるから、両群の差は 10 ポイント以上ということになる。中学校の場合、同上の回答値は A 群と B 群の数値差が縮まるものの、A 群は B 群よりも 10 ポイント以上高い。

　そう見ると、児童生徒の正答率が高い学校、すなわち、児童生徒の学力が高い学校の方がそうでない学校よりもボランティアの活動が活発な傾向にあると解せる。また、学校評価を教育活動など学校運営の改善に結びつけている学校は A 群に多いことが、小・中学校でともに認められている。学校運営協議会の多くが学校評価に関する活動を担っている現実を踏まえれば、コミュニティ・スクールが学力にはプラスの影響を及ぼしていることが十分に考えられるのである。

図 3　PTA や地域の人が学校の諸活動（学校の美化など）に
　　　ボランティアとして参加してくれますか。

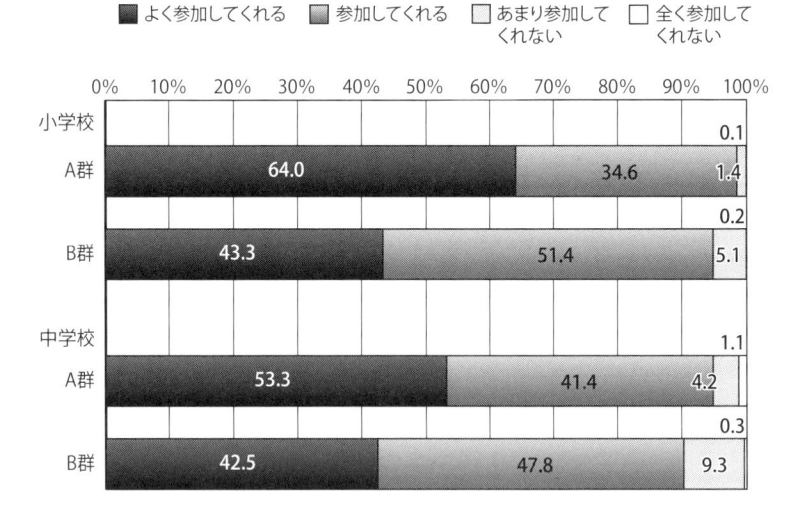

90

（3）「開かれた学校」としてのコミュニティ・スクールの成果

　学校支援ボランティア等の活発な学校は、筆者らの調査でも学力の高さに対する校長の認識が強い傾向にある[4]。表3はその傾向を表す数値を示している。

表3　学校支援ボランティア活動と校長による児童生徒の学力認識
　　　（「学力が高い」と回答した学校の回答）

	「学力が高い」		
	指定校 (N = 359)	未指定校 (N = 395)	全体 (N = 754)
保護者が学校支援ボランティア活動に積極的	255校 71.0%	251校 63.4%	506校 67.1%
地域による学校支援ボランティア活動が活発	289校 80.7%	260校 65.8%	549校 72.8%

　まず、「学力が高い」と回答した学校（754校）のうち、「保護者が学校支援ボランティア活動に積極的」だと回答した割合は全体67.1％で、指定校の場合は71.0％、未指定校では63.4％（両者差7.6％）になる。「地域による学校支援ボランティア活動が活発」は、同じく80.7％と65.8％となる（差14.9％）。指定校の方に、「学力が高い」かつ「ボランティアが積極的・活発」と回答した学校が多いことがわかる。

　また、指定校の学校運営協議会の実態から見ていくと、学校運営協議会の会議を「月1回」開催している学校、公開している学校、議事録を作成している学校などで、若干ではあるが「学力が高い」かつ「学力が向上した」と回答している割合が高い傾向にある[5]。

（4）学力向上を促すコミュニティ・スクール

　以上の調査結果は何を示唆するのだろうか。

　まず、コミュニティ・スクール指定校の方が未指定校よりも若干で

---

4) コミュニティ・スクール研究会・前掲注1) 223頁
5) コミュニティ・スクール研究会・前掲注1) 234-235頁

はあるが「児童生徒の学力が高い」と認識されている傾向にある。このことは、次に述べる学校支援ボランティア活動の在り方が関係しているようである。

　学力調査から、「開かれた学校」の具体的な取り組みの一つである学校支援ボランティアと学力との関係を見ると、その活動が活発な学校ほど児童生徒の学力が高い実態にある。筆者らの調査でもボランティア活動と学力との関係はある程度同様の結果が得られた。

　そして、保護者等の意見聴取に積極的な学校の方がそうでない学校よりも学力が高い傾向にある。学力調査によれば、意見聴取の活発な学校の方が平均正答率、つまり学力が高く、また、筆者らの調査では、学校運営協議会の取り組みが活発なコミュニティ・スクールの方が学力認識が高い傾向にある。保護者等からの意見・要望の聴取は、まさにコミュニティ・スクールの重要な機能であり、この機能が学力の在り方に関係しているといえる。

2 ｜ コミュニティ・スクールと 「生徒指導上の課題」

（1）補導件数激減の事例

　コミュニティ・スクールは、保護者や地域とともに手を取り合って教育を進めていく仕組みであることから、生徒指導の充実にも何らかの成果が現れるものと考えられる。実際、生徒指導上の課題に対して、どれだけ有効なのだろうか。

　図4は、福岡県春日市立西中学校の生徒の年間補導件数の推移を示したものである。2008（平成20）年度から2009年度には約1000件あった補導件数が、2010年度には二桁（24件）に激減していることがわかる[6]。同校は、2006年度にコミュニティ・スクールの指定を受け、その後、中学校区内のコミュニティ・スクール間で生徒指導上の課題等を共有し、その解決に向けて連携した取り組みを進めてきた。併せて、

サポート地域本部を中心に、「学習支援」「安全支援」「環境支援」の 3
つのコミュニティ（部門）がそれぞれ学校支援に努めながら、特に「安
全支援コミュニティ」が地域住民による金曜パトロール（通称「金パ
ト」）を徹底的に進めたことが、補導件数の減少につながったとされる。

　このパトロールは、毎週夜間の 22 時から 2 時間程度校区内で各学級
の保護者有志 20 名程度と教職員 20 名程度に加えて、少年相談員と警
察関係者によって行われる活動である。夜 22 時から実に大勢の関係者
がパトロールを行ったのは、問題行動が極めて深刻な事態であることが
強く認識されたからである。そのサポート本部とは学校支援地域本部の
ことで、学校運営協議会（以下、「西中コミュニティ協議会」という）
の実働組織に位置づけられていることから、パトロールの成果はコミュ
ニティ・スクールの成果だと解することができる。

　同校校長は、コミュニティ・スクールが学校の負担増をもたらすとい
う懸念を払拭し、むしろ生徒指導上の課題が減少したことによって、教
師が授業など本来の仕事に専念できようになった点を高く評価する[7]。

図 4　生徒補導件数　―春日市立西中学校―（年間実数）

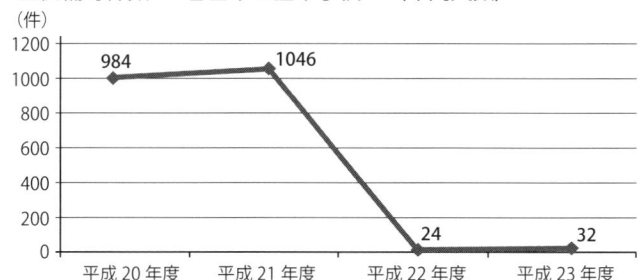

---

6) 文部科学省コミュニティ・スクール企画委員会配付資料「コミュニティ・スクー
　ルにおける取組例」2013 年 5 月 27 日より。

7) 春日市教育委員会編著『春日発！コミュニティ・スクールの魅力』65 頁（ぎょ
　うせい、2011 年）

（2）暴力行為減少校の特性

　筆者らの調査[8]によれば、コミュニティ・スクールでは、生徒指導上の課題のうち、特に暴力問題の減少が目立った。図5は、暴力行為の増加群と減少群の割合を指定の有無別に見たものだが、これによると、2008（平成20）年度比で2010年度に減少した学校（減少群）は、指定校（57.0％）が未指定校の数値（48.9％）を約8ポイント上回っている（統計上は有意差がないが）。つまり、コミュニティ・スクールが暴力行為の減少に何らかの形で寄与していることが推量されるのである。

図5　暴力行為の増減校の割合
　　　—指定の有無別、「平成22年度—20年度」の差—

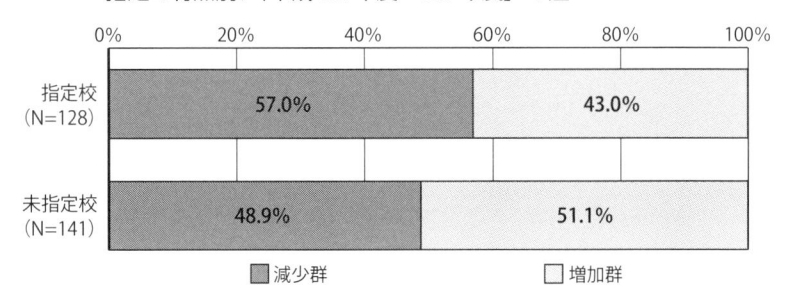

---

8) コミュニティ・スクール研究会・前掲注1)

表4　暴力の増減と学校環境等の関係

			保護者が学校を把握		保護者が学校ボランティアに積極的		地域が学校を把握		地域が学校ボランティアに積極的		学校運営に地域や家庭の声が反映	
			指定の有無		指定の有無		指定の有無		指定の有無		指定の有無	
			指定校	未指定校	指定校	未指定校	指定校	未指定校	指定校	未指定校	指定校	未指定校
肯定群＊	暴力行為	減少群										
		度数	61	50	37	32	44	41	43	28	71	62
		％	62.2%	47.6%	57.8%	52.5%	56.4%	52.6%	54.4%	47.5%	58.2%	47.7%
		増加群										
		度数	37	55	27	29	34	37	36	31	51	68
		％	37.8%	52.4%	42.2%	47.5%	43.6%	47.4%	45.6%	52.5%	41.8%	52.3%
	合計	度数	98	105	64	61	78	78	79	59	59	130
		％	100%	100%	100%	100%	100%	100%	100%	100%	100%	100%

＊肯定群（学校環境項目に対して、「そう思う」＋「どちらかといえばそう思う」と回答した群のみの数値）

　コミュニティ・スクールでは保護者・地域との関係構築が期待される。そこで、学校環境に関する変数として、表4の上段に示した項目、すなわち「保護者が学校を把握」「保護者が学校ボランティアに積極的」「地域が学校を把握」「地域が学校ボランティアに積極的」「学校運営に地域や家庭の声が反映」の5項目を取り上げてみた。そして、それぞれの項目に対して肯定的な回答を示した学校（「肯定群」）のコミュニティ・スクール指定の有無別を記すことにする。

　この表4によると、「暴力行為：減少群」は、全体的に「指定校」が「未指定校」の数値を上回り、なかでも「保護者が学校を把握」及び「学校運営に地域や家庭の声が反映」とする指定校では「減少群」の数値が高く、また「地域が学校ボランティアに積極的」な学校でも指定校が若干「未指定校」よりも高くなっている。

　なお、未指定校の場合、学校環境の全項目で、「減少群」と「増加群」が僅差に止まっているが、指定校のその数値は「減少群」が「増加群」を大きく上回っている。つまり、指定校か否かがその「増減」の鍵

を握っているわけである。

（3）暴力行為など生徒指導

　以上のように、コミュニティ・スクール指定校はそうでない学校に比べて保護者や地域との関係性が密であり、このことが暴力問題減少につながっていると考えられる。春日西中学校で、生徒指導上の課題に関する情報を共有し合い、「安全支援コミュニティ」で生徒指導にかかわる問題を協議し、地域を巻き込んだパトロールなどのボランティア活動が成果を上げた事実がそのことを裏づけている。

　したがって、問題行動を学校内にとどめず、広くその実態や情報を共有し、保護者や地域とともに解決に向けた取り組みを進めるための核になるのが、学校運営協議会だといえよう。ここで取り上げた 2011（平成 23）年の文科省委託調査の一環として実施した訪問調査の結果、問題行動が減少した学校からは、次のような声を聞くことができた。

　　○子どもに地域住民が以前よりも関心を示してくれるようになり、子
　　　どもたちは地域で悪いことがしにくくなった（川崎市立小学校）
　　○生徒指導上の課題をより早期の段階で発見できた（岡山市立中学
　　　校）
　　○学校の安全・安心については地域の力に保障された（横浜市立中学
　　　校）

　地域住民や関係機関は、そうした情報共有によって当事者意識を高めたはずである。これもコミュニティ・スクールの成果につながっていくのである。

3 コミュニティ・スクールと教職員の変容

(1) 教職員と学校運営協議会へのかかわり

　コミュニティ・スクールで学校運営協議会にかかわっている教職員とそうでない教職員には、どのような認識や行動の違いが見られるのだろうか。

　教職員の学校運営協議会へのかかわり方を、三鷹市が受託して実施した「平成24年度文科省委託調査」のデータを基にして、「学校運営協議会の委員である」「学校運営協議会に時々参加」「参加していないが協議内容は知っている」「ほとんど関与していない」という4つのタイプに分けて、各タイプ別の学校変容意識と、地域とのかかわり実態を探っていくことにしよう（三鷹ネットワーク大学推進機構「地域とともにある学校づくり、学校からのまちづくりの推進に関する調査研究」（2012年実施））。まず、調査対象の19校の教職員（教頭等を含む）439人のうち、各タイプの比率は、「委員」約11％、「時々参加」約19％、「協議内容は知っている」約21％、「関与していない」約48％であった。もっとも、学校運営協議会に「委員」としてかかわっているのは教頭・副校長が多いが、その他の教諭等もかかわっている実態がある。

(2) 学校運営協議会へのかかわりと勤務校等の変容認識

〈1〉「学校運営協議会委員」は学校変容認識

　表5は、教職員の勤務校の変容認識に関する質問項目について、「そう思う」＋「ややそう思う」の回答を、前述した「学校運営協議会へのかかわり方」とクロスさせた結果である。次頁表中の□で囲んである数値は各項目中（各行）の最高値を示し、下線は最高値より20ポイント以上低いことを表す。

　まず、[教育活動の変化] のうち「4.地域の特色を活かした学校づくりが進んだ」の肯定値については、「学校運営協議会の委員」（以下、「委員」という）98.1％、「時々参加」89.2％、「参加しないが協議内容

表5　勤務校等の変化×学校運営協議会へのかかわり（指定校）
　　　－カテゴリー別得点－

	学校運営協議会へのかかわり／勤務校等の変化	学校運営協議会の委員である（N＝51人）	時々参加する（N＝83人）	参加はしないが協議内容は知っている（N＝93人）	ほとんど関与していない（N＝212人）	全体（N＝439人）
教育活動の変化	4. 地域の特色を活かした学校づくりが進んだ	98.1%	89.2%	81.8%	71.7%	80.2%
	1. 授業や行事が改善・充実された	86.3%	84.3%	82.8%	68.9%	76.8%
	20. 学習支援ボランティアを活用することに積極的になった	78.4%	78.3%	71.0%	50.5%	63.3%
	6. 新たな教育活動を行いやすくなった	76.5%	74.7%	72.0%	56.1%	65.4%
	9. 学習ボランティア等の支援により学力の定着や向上に効果が出ている	68.6%	75.9%	64.6%	53.3%	61.8%
生徒指導上の課題解決	7. 地域の大人が学校に入ることにより健全育成に効果が出ている	78.4%	77.1%	79.5%	66.5%	72.7%
	8. 児童・生徒のいじめなどの問題行動が少なくなってきた	66.6%	63.9%	62.4%	49.0%	56.8%
学校運営の変化	16. 教育活動に地域や保護者の願いや意見が反映されるようになった	96.1%	85.6%	78.5%	65.5%	75.6%
	2. 学校便りやホームページ等で学校から情報をより発信するようになった	92.2%	84.3%	87.1%	81.7%	84.5%
	5. 学校が活性化した	82.3%	84.3%	80.6%	66.9%	74.9%
地域連携の変化	10. 地域や保護者の意向を意識して職務を行うようになった	96.0%	81.9%	84.9%	71.7%	79.2%
	19. 保護者や地域の方が学校に入ってくることに違和感をもたなくなった	92.2%	94.0%	88.2%	79.2%	85.5%
	11. 地域や保護者を教育のパートナーとして信頼できるようになった	88.3%	81.9%	76.4%	62.7%	72.2%
	23. 保護者や地域の方の地域での活躍の様子がよく分かるようになった	78.5%	74.7%	72.1%	51.9%	63.5%
	3. 保護者や地域の方が子どものことを相談しやすい学校になった	78.4%	73.5%	79.6%	72.6%	75.0%
教職員の地域意識の変化	13. 学校と地域の風通しが良くなった	94.1%	86.7%	87.1%	69.8%	79.5%
	12. 地域の課題を当事者として受けとめられるようになった	84.3%	79.5%	74.2%	57.5%	68.3%
	14. 児童・生徒が地域のことに関心をもつようになった	78.5%	75.9%	68.8%	55.7%	65.0%

児童生徒の変化	15. 児童・生徒が地域行事に参加するようになった	86.3%	78.3%	78.5%	68.4%	74.5%
	17. 地域の方は近所の子どもも叱ってくれるようになった	47.0%	44.5%	43.0%	32.0%	38.5%
地域・保護者の変化	21. 学校の課題解決のために地域に協力を求めやすくなった	88.2%	80.7%	75.2%	61.8%	71.3%
	22. 保護者や地域の方が学校の課題解決に取り組んでくれるようになった	80.4%	81.9%	73.1%	65.1%	71.8%
	18. 地域にある、いろいろな地域団体同士の連携が進んできた	60.7%	61.4%	59.1%	43.0%	52.0%

は知っている」（以下、「協議内容は知っている」という）81.8％、「ほとんど関与していない」（以下、「関与していない」という）71.7％となっている。つまり、「委員」としてのかかわりを持つ教職員が「特色づくりが進んだ」と最も強く認識し、これとは反対に、「関与していない」教員にはその認識を持つ者が最も少ない。

　そのほかの項目についても「委員」の回答値が高く、全23項目中18項目で最高値を示している。また、最高値でない項目についても、「委員」は最高値項目と僅差にある。ただし、「9. 学習ボランティア等の支援により学力の定着や向上に効果が出ている」は、「時々参加」が最高値で、「委員」よりも7ポイント以上高いが、「委員」には直接授業を担当する機会が少ない「教頭・副校長」が多く、彼らは学習効果が直接把握しにくいからだと考えられる。

〈2〉学校運営協議会に関与しない教職員の認識

　これに対して、「関与していない」の場合、全23項目で最低値になり、最高値との差がマイナス20ポイント以上の項目（下線表示の数値）は12項目に及ぶ。特に、［教育活動の変化］、［地域連携の変化］、［教職員の地域意識の変化］についてはそのギャップが大きく、各カテゴリー内の項目の半数以上が最高値項目よりもマイナス20ポイント以上になる。

　「時々参加」及び「協議内容は知っている」は、「委員」の回答値に近く、概ね高い数値になり、学校の変化を敏感に感じているが、「委員」

ほどではない。

　ようするに、「委員」「時々参加」「協議内容は知っている」という学校運営協議会に一定のかかわりを持つ教職員は、学校の変化をプラスに認識しているのに対して、それとのかかわりのない教職員は、その変化をそれほど強く認識していない傾向にある。

（3）学校運営協議会の関与と地域へのかかわり

　そうした勤務校等の変化（成果）に対する認識が、学校運営協議会へのかかわり方によって異なるのはなぜだろうか。

　ここでは、地域住民等とのかかわりに注目し、学校運営協議会への関与と勤務校の変化（成果）認識との関係を説明する要因を析出してみた。その場合、地域住民とのかかわりを表す変数を、「学校支援ボランティア活用人数」「1 年間で知り合った地域住民数」「挨拶を交わす地域住民数」の 3 項目とした。

　まず、当該教職員が月間に活用した「学校支援ボランティアの人数」を見ると（表 6）、「委員」7.8 人、「時々参加」6.6 人、「協議内容は知っている」1.3 人、「関与していない」0.7 人となる。特に、「時々参加」と「協議内容は知っている」の間の人数差に溝が見られる。つまり、学校運営協議会へのかかわりが学校支援ボランティア活用に一定の影響を及ぼしていることが推察できる。

　次に、「1 年間で知り合った地域住民の数」を見ると（表 7）、「委員」11.6 人、「時々参加」5.7 人、「協議内容は知っている」4.7 人、「関与していない」3.0 人となる。委員であるか否かで、知り合った地域住民数に大きな差が見られる。そして、学校運営協議会への関与が弱くなるにつれて、人数が減少している。「委員」や「時々参加」などの「関与している」教職員は、学校運営協議会の活動過程で様々な住民と知り合うのであろう。

　そして、「挨拶を交わす地域住民の数」は、「委員」28.6 人、「時々参加」12.2 人、「協議内容は知っている」10.0 人、「関与していない」5.2

人となる（表8）。「委員」の「知り合った地域住民」の数はその他の数値比で概ね2倍の数字になり、学校運営協議会の関与が弱くなると挨拶を交わす人数は減少傾向になる。したがって、学校運営協議会への関与は、学校を広い視野から捉えることを促すものと解釈できるのである。

表6　学校支援ボランティア活用人数（月間）

学校運営協議会へのかかわり	平均値	回答者数
学校運営協議会の委員	7.8人	43
時々参加する	6.6人	65
参加はしないが協議内容は知っている	1.3人	74
ほとんど関与していない	0.7人	168
全体	2.8人	350

表7　1年間で知り合った地域住民の数

学校運営協議会へのかかわり	平均値	回答者数
学校運営協議会の委員	11.6人	47
時々参加する	5.7人	76
参加はしないが協議内容は知っている	4.7人	74
ほとんど関与していない	3.0人	175
全体	5.0人	372

表8　挨拶を交わす地域住民の数

学校運営協議会へのかかわり	平均値	回答者数
学校運営協議会の委員	28.6人	48
時々参加する	12.2人	74
参加はしないが協議内容は知っている	10.0人	70
ほとんど関与していない	5.2人	168
全体	10.7人	360

（4）まとめ

　①学校運営協議会に一定のかかわりを持つ教職員（「学校運営協議会委員」「時々参加」「協議内容は知っている」）は、学校の変化を敏感に認識しているのに対して、それとのかかわりのない教職員はその変化をそれほど強く認識していない傾向にある。

　②学校運営協議会とのかかわりの強い「委員」は学校支援ボラン

ティアの活用人数が多く、また、1年間に知り合った住民数や挨拶を交わす住民数が他の教職員に比べて多い傾向にある。これら人数は「委員」以外にも、「時々参加」「協議内容は知っている」の場合、「関与していない」よりは相対的に多い。「関与していない」教職員は地域住民とのかかわりが希薄な実態にある。

　③そして、教職員は学校運営協議会に関与することを契機にして地域住民とかかわるようになり、その結果、学校の教育活動を全体的に捉え、客観視できるようになることから、変容認識が高まるものと考えられる。言い換えれば、学校運営協議会への関与は、教職員に学校変容を認識させ、広い視野で学校の実態を捉えることを促す役割を果たすものと考えられるのである。

　以上から、特に学校運営協議会への関与が弱い教諭層に、そのかかわりを何らかの形で持てるよう工夫することが課題になる。

4 コミュニティ・スクールと「近隣トラブル」解決

　学校の近隣トラブルには、騒音、児童生徒による悪戯、施設に原因する環境悪化などがある。そうしたトラブルは、地域住民等による苦情申し出によって表面化してくる。その背景には、学校と地域との関係性の弱さもあると考えられる。

　そこで、その両者の関係性を重視するコミュニティ・スクールの取り組みから、「近隣トラブル」の解決策を探ることにしたい。

（1）近隣トラブルと学校・地域の関係性

〈1〉敵から味方への転換例

　都内市部にある中学校の話である。正門付近にある理容店の店主は何かにつけて学校に苦情を申し出てくる。登下校時の生徒の話し声がうるさい、生徒がゴミを自宅付近にポイ捨てしている、校庭の土埃で車が汚

れるなど、週に何度も苦情を寄せてくる。学校としては改善に向けて努力してはいるが、一つの問題が解決すると、別の苦情に移るのである。

　そうした状況下のある日、学校で職業人講話を依頼できる地域住民を探していた時に、かの理容店主だけは避けようということで担当教員全員の意見が一致した。ところが、ほかの候補者がなかなか見つからず、仕方なくその理容店主に講話を依頼したところ、快諾という思わぬ結果を得る。

　授業当日、理容店主は予想外に熱心に話をしてくれたので、苦言が出ないかと心配していた担当教員は胸を撫で下ろした。その後、なぜかその店主は学校に苦情を申し出ることがなくなり、教職員にも挨拶するようなったのである。この態度変容の理由は何だろうか。

　察するに、従来、校門付近に店を構えていたにもかかわらず、学校は何ら関係を持とうとせず、いわば無視したかのような関係であったため、店主は目の前にある学校に敵対心を抱いていたのであろう。しかし、店主は講話依頼があったことから、学校が自分に対して好意的であると思い、この姿勢に応えるような態度に変容したものと考えられる。

　このほか、学校に批判的であった保護者が学校支援ボランティアとして学校に依頼されてからは、むしろ学校の味方になったという例は珍しくない。

〈2〉学校への愛着の有無と学校騒音の捉え方

　古いデータではあるが、山本和郎らが都内の複数の小学校区で行った調査によると、まず、地元小学校に愛着を感じている住民ほど学校が発する音を邪魔だと感じる割合が低く、むしろ親しみを感じる者が多い。反対に愛着を感じていない住民は、学校の音を邪魔だと感じる傾向にあることが明らかにされた[9]。また、地元小学校に対する評価をよ

---

9)　山本和郎「生活音と地域社会－近隣生活音の心理社会的構造－」「東京都衛生局公害保健課委託研究報告書」3頁（1982年）

いと感じている住民は、同様に学校の音を邪魔だと感じない傾向にあった。そうした邪魔感を抱くか否かの住民のそれぞれの割合は、校区によって顕著な違いがあるというのである。

〈3〉好意の返報性

　ところで、心理学では、自分に好意的な相手を好ましく思う傾向を「好意の返報性」と呼ぶ[10]。返報性の原理は、嫌悪の返報性にもつながる。つまり、相手から嫌われたり、低い評価がなされたりすると、自分もその相手に嫌悪感や敵意を抱くようになるわけである。前述の理容店主は、学校から何ら声かけなどがなかったために、苦情という嫌悪行動をとっていたが（いわば、嫌悪の返報性）、学校からの声かけによって好意の返報性へと転じたと解せる。山本らの調査対象の住民のうち、学校の音を邪魔だと感じていない住民と邪魔だと思う住民の違いも、同様に説明できるであろう。学校に愛着を感じている住民が多い学校は、地域とのプラスの関係性を持ち、愛着を感じていない住民が多い学校は、おそらく地域との良好な関係を築いていないものと推察できる。

（2）コミュニティ・スクール調査から見た 学校に対する苦情の実態

〈1〉指定年度と苦情減少効果

　そこで、筆者らが文部科学省の委託研究として実施した調査研究[11]から、保護者や地域からの苦情の実態を見ていくことにしよう。そうした苦情には近隣トラブルも含まれているはずであるから、そのトラブル解決のヒントにもなる。なお、調査の回答者は校長であり、データはあくまでもその認識によるものである。

10）C.W. パックマンによる (加藤義明編『社会心理学』20 頁（有斐閣、1987 年）) を参照。

11）コミュニティ・スクール研究会・前掲注 1)

　まず、表９に示したように、「保護者や地域からの苦情が減った」の回答（「当てはまる」と「ある程度当てはまる」の合計値で、表中は「肯定群」）は47.0％と半数を下回るが、否定群にはもともと苦情がほとんどない学校も含まれているであろうから、そのことで苦情減少の成果が今一つだとはいえない。

　次に、コミュニティ・スクールとしての指定年度別に見ると、平成23年度の37.5％に対して、指定年度の古い学校は67.7％になっているように、指定年度の古い学校、すなわちコミュニティ・スクールとしての経験の長い学校ほど「苦情が減った」が多い傾向にある（年度による歪みはあるが）。

表９　「保護者や地域からの苦情が減った」とコミュニティ・スクールの
　　　指定年度の関係

| | | | コミュニティ・スクール指定年度 | | | | | | | 全体 |
			平成16＋17年度	平成18年度	平成19年度	平成20年度	平成21年度	平成22年度	平成23年度	
保護者や地域の苦情が減った	肯定群	度数	44	37	45	48	51	45	42	312
		%	67.7%	48.1%	50.0%	48.5%	41.8%	45.5%	37.5%	47.0%
	否定群	度数	21	40	45	51	71	54	70	352
		%	32.3%	51.9%	50.0%	51.5%	58.2%	54.5%	62.5%	53.0%
合計		度数	65	77	90	99	122	99	112	664
		%	100.0%	100.0%	100.0%	100.0%	100.0%	100.0%	100.0%	100.0%

〈２〉学校運営への地域等の意向反映との関係

　それでは、「好意の返報性」を実証する手続きとして、ここでは「学校の運営に地域や家庭の声が反映されている」か否かを取り上げてみたい。学校が家庭（保護者）や地域の声を反映させることは、保護者や地域から好感を得ることにつながるものと考えられるからである。

　図６は、学校運営への地域・家庭の意向（声）反映の有無と苦情の

減少との関係を示すデータである。「学校運営に地域や家庭の声が反映されている」の設問に対して、「そう思う」の回答を見ると、「保護者や地域の苦情が減った」の肯定群は65.7％で、否定群の34.3％より30ポイント以上も高い。また、肯定群の数値を左から右流れに見ると、「そう思う」65.7％、「どちらかといえばそう思う」41.7％、「どちらかといえばそう思わない」8.0％となり、「声の反映」に否定的であるほど、数値が低下している。

　ようするに、学校運営に地域・家庭の声が反映されている学校は、苦情が減ったと認識している傾向が見出されたのである。

図6　学校運営への地域・家庭の意向（声）反映の有無 × 苦情減少の有無

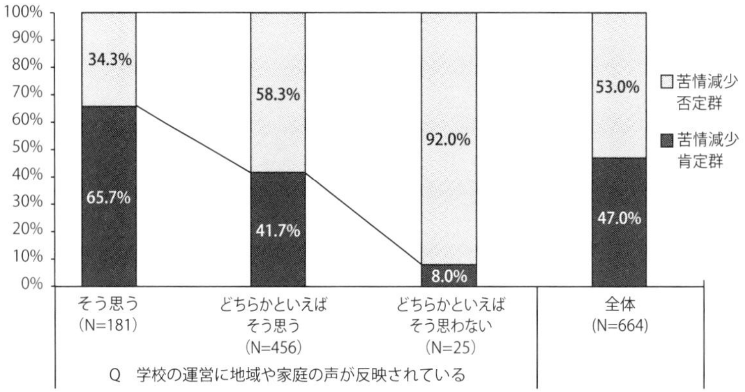

	苦情減少否定群	苦情減少肯定群
そう思う（N=181）	34.3%	65.7%
どちらかといえばそう思う（N=456）	58.3%	41.7%
どちらかといえばそう思わない（N=25）	92.0%	8.0%
全体（N=664）	53.0%	47.0%

Q　学校の運営に地域や家庭の声が反映されている

〈3〉教職員の地域参加と苦情減少の有無との関係

　今度は、教職員の地域参加を、学校の地域に対する「好意」表明と捉えて、苦情減少の有無との関係を見ることにしよう。

　図7はそのクロス集計結果を示したものだが、この場合も、「教職員が地域行事や会議に積極的に参加している」の設問に「そう思う」の回答に注目すると、「苦情減少」肯定群64.2％、否定群35.8％となり、肯定群が否定群を30ポイント以上も上回っている。また、「苦情減少」肯定群の数値だけを見ると、前述した「そう思う」（64.2％）が最も高

く、「そう思わない」で最低（12.5％）になるなど、教職員の地域参加の程度が弱まるに従って「苦情減少」が否定される傾向にある。つまり、教職員の地域参加が活発な学校ほど、苦情が減少していると認識しているのである。

図7　教職員の地域行事や会議に参加×苦情減少の有無

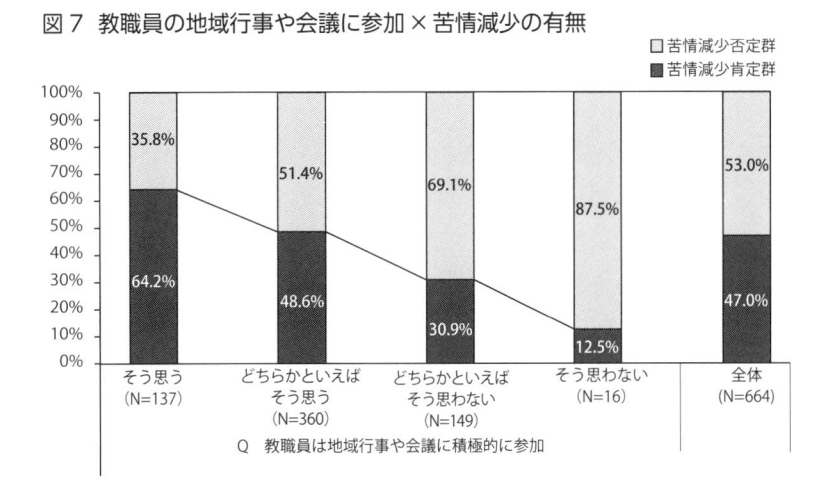

（3）近隣トラブル解決の視点

　以上、学校と地域の好意にかかわる相互関係として、「学校運営への地域等の意向の反映」と「教職員の地域参加」という二つに絞って、地域等の苦情の減少の有無について分析してみた。その結果、①学校運営に地域等の意向が反映されている学校ほど地域等の苦情減少認識が強く、②教職員が地域参加に積極的な学校ほど苦情減少傾向が著しいことが明らかにされ、③以上から、学校の地域に対する好意表明によって、地域による返報好意が生じて、苦情減少につながったと考えられる。このことを踏まえて、近隣トラブル解決の視点を以下にまとめておきたい。

　第一に、学校として、地域等の意向や意見に対して積極的に耳を傾けることである。誰でも自分の話を真摯に聞いてくれ、自分の存在を尊

重してくれる相手には、好感を抱くはずである。やっかいなトラブルの背景には、そうしたコミュニケーションや関係性の不足が見られるのである。

第二に、教職員が地域に対して積極的にかかわりを持つよう努めることである。一般的に相手が好意的態度でかかわってくれれば、その相手に好感を抱く。管理職だけでなく多くの教職員が積極的に地域にかかわっていけば、「好意」感情が強まり、いずれは苦情の減少が見込まれるのである。

第三に、好意の返報性を意識して、地域からの協力があれば、これに対して返報するよう配慮しなければならない。これを怠れば、前の理容店主のように学校を敵視し、トラブルメーカーになる住民などが現れる可能性が生じるであろう。

ようするに、前出のデータ分析からも、学校と地域間に「好意の返報性」が生まれるような努力と工夫が近隣トラブル解消の視点になる。コミュニティ・スクールは、そのための最適な仕組みなのである。

5 何が成果につながるか

(1) 学校運営協議会の派生的な活動

コミュニティ・スクールの成果が問われる場合、法に基づく学校運営協議会の権限に関する活動の成果、すなわち「承認」「教委・校長への意見」「任用に関する意見」などがもたらす成果だけでなく、学校運営協議会の権限から派生した、規則に根拠を持たない諸活動、例えば学校支援活動や学校評価、行事計画などの諸活動による成果も注目されている。

そこで、今回は、それら派生的な権限外活動の成果を筆者らの調査結果[12]に基づいて検証してみたい。これらの成果は実際、学校にとっ

---

12) コミュニティ・スクール研究会・前掲注 1)

ては極めて現実味を帯びたものとして受け止められやすいからである。なお、ここではその成果を「周辺的成果」と呼ぶことにする。

　まず、学校運営協議会の派生的に行われる活動（以下、「派生活動」という）と校長の成果認識について見ていくと、表10に記したような結果になる。ここでは、成果認識に関する10項目を選んで、それぞれの成果認識を学校運営協議会の派生活動とクロスさせてある。表10では、成果認識項目に対して「当てはまる」＋「ある程度当てはまる」という肯定的な回答を示したものを「肯定群」とした（「当てはまらない」＋「あまり当てはまらない」の合計を「否定群」としたが、ここでは省略した）。一方、派生活動については、「積極群」（「当てはまる」＋「ある程度当てはまる」）と「消極群」（「少し当てはまる」＋「当てはまらない」）に分けてある。

　表10中の成果認識「肯定群」の回答に絞って、派生活動5項目の「積極群」と「消極群」とを比較すると、すべての成果認識項目で「A.学校支援活動を実施」の列の「積極群」が「消極群」の数値を上回り、有意差が認められた。学校支援活動が表中すべての成果認識項目と関係しているわけである。

　今度は、派生活動の「B.保護者の苦情に対応」の列の数値に注目すると、左端の成果認識項目の「児童生徒の学習意欲の向上」「生徒指導の課題解決」など「児童生徒の変容」に関する事項、「教職員の意識改革」「教職員が子どもと向き合う時間の増加」など「教職員の変容」に関する事項は「積極群」が「消耗群」の数値を上回っている。このほか、当然ながら「保護者や地域からの苦情の減少」「家庭教育力の向上」なども同様の傾向にある。これに対して、「学校運営の改善」との関係は弱いようである。「B.保護者の苦情に対応」は取り組み例が多くないので一概にはいえないが、苦情という教職員への負担増幅作用の軽減によって、教職員が教育指導に集中しやすくなったことから、学習意欲や生徒指導の課題解決、そして子どもと向き合う時間の増加などにつながったものと考えられるのである。

表 10　学校運営協議会の派生活動と校長の成果認識

成果認識項目			A. 学校支援活動を実施 積極群	A. 学校支援活動を実施 消極群	B. 保護者の苦情に対応 積極群	B. 保護者の苦情に対応 消極群	C. 学校評価を実施 積極群	C. 学校評価を実施 消極群	D. 地域行事を計画 積極群	D. 地域行事を計画 消極群	E. 学校行事を計画 積極群	E. 学校行事を計画 消極群

学校運営の改善

学校関係者評価が効果的に実施	肯定群	度数	384	171	41	514	455	99	140	414	70	483
		%	88.5%	75.3%	87.2%	83.6%	88.0%	68.8%	88.6%	82.3%	93.3%	82.6%
学校が活性化	肯定群	度数	364	147	38	473	403	107	132	378	68	441
		%	83.7%	64.8%	79.2%	76.9%	77.8%	74.3%	83.0%	75.1%	89.5%	75.4%

児童生徒の変容

児童生徒の学習意欲向上	肯定群	度数	255	84	32	307	274	64	103	235	52	285
		%	59.0%	37.2%	66.7%	50.2%	53.2%	44.8%	65.2%	47.0%	68.4%	49.1%
生徒指導の課題解決	肯定群	度数	214	74	30	258	232	56	89	199	37	251
		%	49.7%	32.7%	62.5%	42.3%	45.1%	39.2%	56.0%	40.0%	48.7%	43.2%

教職員の変容

教職員の意識改革	肯定群	度数	365	155	42	478	411	108	129	390	68	450
		%	83.9%	68.3%	87.5%	77.7%	79.5%	74.5%	81.1%	77.5%	89.5%	76.9%
教職員の子どもと向き合う時間の増加	肯定群	度数	107	26	15	118	110	23	41	92	16	117
		%	24.6%	11.5%	31.3%	19.2%	21.2%	16.0%	25.8%	18.3%	21.1%	20.0%

保護者・地域連携の変容

学校への保護者や地域の理解の深まり	肯定群	度数	379	175	40	515	435	119	135	419	64	489
		%	86.9%	77.1%	83.3%	83.6%	84.0%	82.1%	84.4%	83.3%	84.2%	83.4%
保護者や地域からの苦情が減少	肯定群	度数	226	85	29	282	253	58	88	223	41	269
		%	52.0%	37.6%	60.4%	45.9%	48.9%	40.3%	55.3%	44.4%	53.9%	46.1%

学校外の変容

地域教育力が向上	肯定群	度数	282	97	32	347	306	72	105	273	56	322
		%	65.0%	42.7%	66.7%	56.5%	59.2%	50.0%	66.0%	54.4%	73.7%	55.1%
家庭の教育力が向上	肯定群	度数	163	59	22	200	172	49	65	156	35	186
		%	37.6%	26.0%	45.8%	32.6%	33.3%	34.0%	40.9%	31.1%	46.1%	31.8%

※太字の数値は、両変数に関係があるもの。

　派生活動の「C. 学校評価を実施」の列を見ると、言うまでもなく「学校関係者評価が効果的に実施」で有意差が見られ、「積極群」の数値が約 20 ポイント上回るほか、いくつかの項目で若干の数値差があるものの、有意ではなかった。これは学校評価以外には成果をもたらさない

ようである。

　同じく「D. 地域行事を計画」の列では、「児童生徒の学習意欲が向上」「生徒指導課題の解決」など「児童生徒の変容」に関する事項、「地域教育力が向上」「家庭教育力が向上」など「学校外の変容」に関する事項、「保護者や地域からの苦情が減った」の項目で、「積極群」が「消極群」を有意に上回っている。地域の巻き込みが学習意欲や生徒指導の課題、地域や家庭の教育力に影響していることが考えられる。

　最後に、「E. 学校行事を計画」の列を見ると、「児童生徒の学習意欲が向上」、「教職員の意識改革」、「学校関係者評価が効果的」、「学校が活性化」、「地域教育力が向上」、「家庭教育力が向上」の項目で「積極群」が「消極群」を有意に上回る。学校行事の計画という教育活動への深い関わりが学習成果や学校関係者評価、学校の活性化など幅広く学校改善に影響し、また地域や家庭の教育力など学校外の変容にも関係していることがわかる。

（2）派生外活動と成果認識との関係

　以上の結果をまとめると、学校運営協議会の派生活動と校長の成果認識との関係は表 11 に示したようになる。

　表中の「◎」は有意確率 p<.01、「○」は同 p<.05 を意味し、△は統計上の有意差が認められないが数値上の差異が見られたことを示す。空欄はほとんど関係がなかったことを意味する。

　派生活動のうち、「A. 学校支援活動を実施」は、成果認識項目のすべてに◎が付されているように、表中の全成果認識項目にわたって強く関係していることがわかる。因果関係は明確ではないが、学校支援活動が校長の成果認識をもたらしていると考えるのは不自然ではないだろう。

　また、「D. 地域行事を計画」は、「児童生徒の変容」（学習意欲の向上、生徒指導の課題解決）や「学校外の変容」（地域や家庭の教育力の向上）に関係していることがわかる。地域行事を通して、児童生徒が地域社会とのつながりを強めたことが生徒指導の課題解決につながり、

表 11　学校運営協議会の派生活動と成果認識との関係

成果認識項目	派生活動	A. 学校支援活動を実施	B. 保護者の苦情に対応	C. 学校評価を実施	D. 地域行事を計画	E. 学校行事を計画
学校運営の改善	学校関係者評価が効果的に実施	◎		◎		○
	学校が活性化	◎				◎
児童生徒の変容	児童生徒の学習意欲向上	◎	△		◎	△
	生徒指導の課題解決	◎	△		◎	
教職員の変容	教職員の意識改革	◎	△			△
	教職員の子どもと向き合う時間の増加	◎	△			
保護者・地域連携の変容	学校に対する保護者や地域の理解の深まり	◎				
	保護者や地域からの苦情が減少	◎	△		○	
学校外の変容	地域教育力が向上	◎	△	△	○	◎
	家庭の教育力が向上	◎	△		○	○

注：◎＝強い有意な関係あり (p＜0.01)、○＝有意な関係あり (p＜0.05)、△＝ある程度関係有り (数値差約10ポイント以上)

また地域行事としての体験活動への参加が学習意欲を高めたものと考えられる。

　「E. 学校行事の計画」は、「学校運営の改善」（学校関係者評価が効果的に、学校が活性化）と「学校外の変容」に関係している。学校行事計画に地域等がかかわることによって、学校によい意味での刺激が加わり、また学校理解が深まった結果、学校評価の効率化が得られたものと思われる。

　さて、すでに述べたように、「学校支援活動」が成果認識に強く関係し、反対に「学校評価」はそれにほとんど関係していない。「学校評価」へのかかわりは、他の活動に比べて限定した目的で議論され、また年に1度程度の一時的な活動だからではないだろうか。その意味で、学校支援活動の方が、コミュニティ・スクールの成果の鍵を握る要素になるといえる。

(3) 調査結果を踏まえた提言

　以上の第1章5で述べた調査結果等をまとめながら、学校運営協議会を置くコミュニティ・スクールの今後の課題について提言的に述べて

みることにしよう [13)]。

　第一に、学校運営協議会の派生活動は、「学校評価の実施」や「学校行事計画立案」よりも、「学校支援」や「地域行事計画立案」、「苦情対応」などが成果認識に関係することが明らかにされた。このことは、むしろ、学校運営協議会の法定権限に基づく「協議」から離れた活動の方が高い成果につながる可能性を示唆する。つまり、「学校評価」や「学校行事」は学校改善そのものにかかわる事項として学校運営協議会の「協議」対象となり得る可能性が高いのに対して、「学校支援」や「地域行事」「苦情対応」は活動主体が学校ではなく、保護者や地域であり、学校運営協議会の付加的な活動に属するのである。このことから、学校運営協議会の活動を広げていき、「周辺的成果」を高めることがコミュニティ・スクール普及の重要な課題になるといえるわけである。

　第二に、学校運営協議会の派生活動の中でも、特に「学校支援」は様々な成果認識と強い関係にあり、実際に多くの成果につながる可能性が高い。確かに、学校支援地域本部事業の導入によってもそれらの成果は得られるだろう。しかし、筆者らの調査によれば、学校運営協議会とその地域本部を併設しているコミュニティ・スクールの方が地域本部のみの学校よりも校長の成果認識が高いことから、コミュニティ・スクールの学校支援活動の在り方が成果を左右するものと思われる。支援活動の回数や深み(教科にまで及ぶか否かなど)と同時に、コミュニティ・スクールの「制度」としての定着度などが関係しているのではないか。この点については、今後のコミュニティ・スクールにおいては、学校支援の充実が課題になることを指摘しておきたい。

　第三に、学校支援の充実がコミュニティ・スクール普及の鍵を握るが、もともと学校のガバナンスの仕組みとして登場した学校運営協議会

---

13)　仲田康一ほか「学校運営協議会委員の属性・意識・行動に関する研究－質問紙調査の結果から」『琉球大学生涯学習教育研究センター研究紀要』第 5 号 34頁（2011 年）

本来の役割を確実に発揮されることが不可欠な課題になる。そのために
は、学校運営協議会と学校支援活動・組織との関係の在り方が模索され
る必要がある。少なくとも、現在のコミュニティ・スクールにおいて
は、学校のガバナンスを実現するための下地づくりの一環として学校支
援を位置づけるよう努めることが課題になる。

第3章

コミュニティ・スクールに対する校長の満足感と課題認識

1 校長の満足感を左右する要因は何か

　前章では、コミュニティ・スクール制度に対する校長の成果認識について取り上げてきた。校長には、成果認識が影響してか、その制度に対して満足感を抱いている者が多い（77.9％）。しかし、なかには不満を感じている校長もいる。何が満足感と不満感を左右するのだろうか。

　今回は、「満足／不満」のそれぞれの回答群を、学校運営協議会の意見によって実現した事項及びその運営上の課題とクロスさせることによって、満足感を左右する要因の一部を析出することに迫りたい。

（1）学校運営協議会の意見で実現した事項から見た特性

　図8は、指定校校長のうち、「コミュニティ・スクール制度のあり方」に関する質問に対する回答を、「満足群」（「満足している」＋「ある程度満足している」の回答者）と「不満群」（「不満である」＋「やや不満である」の回答者）にカテゴリー化して、両群別に「学校運営協議会の意見によって実現した具体的事項」に「はい」と回答した割合（ここでは「実現率」と記す）を示している。ここでは、各項目の順位と「満足群／不満群」の差に注目しておこう。

　全体的に、「満足群」の数値が「不満群」を上回っていることがわかる。まず、「地域人材が活用されるようになった」の肯定的回答は、「満足群」（82.3％）が「不満群」（65.5％）より16.8ポイント高く、「学習指導の創意工夫が図られた」の場合、「満足群」（46.2％）・「不満群」（28.1％）となり、前者が18.1ポイント上回る。ほとんどの項目でも、

両群間に 10 ポイント以上の開きがあり、「満足群」の数値が高い傾向にある。ただ、「生徒指導の創意工夫が図られた」は数値差が見られるものの、統計的な有意差がなかった。また、「校務分掌が改善された」及び「教員数が増えた」など、学校経営関連事項は実現率が低く、しかも両群間に数値差がほとんどなかった。

　実現率の高い事項は、「満足群／不満群」間に数値差が見られ、校長の満足感に正の影響を及ぼしていると考えられる。例えば、「地域人材が活用」という地域連携関連事項をはじめ、「学習指導の創意工夫」や「新しい教育活動の時間」「教育課程の改善」など、学習活動関連事項の実現率の高さが満足感をもたらすものと推察できるのである。

図 8　学校運営協議会の意見による実現事項　−「はい」の回答−

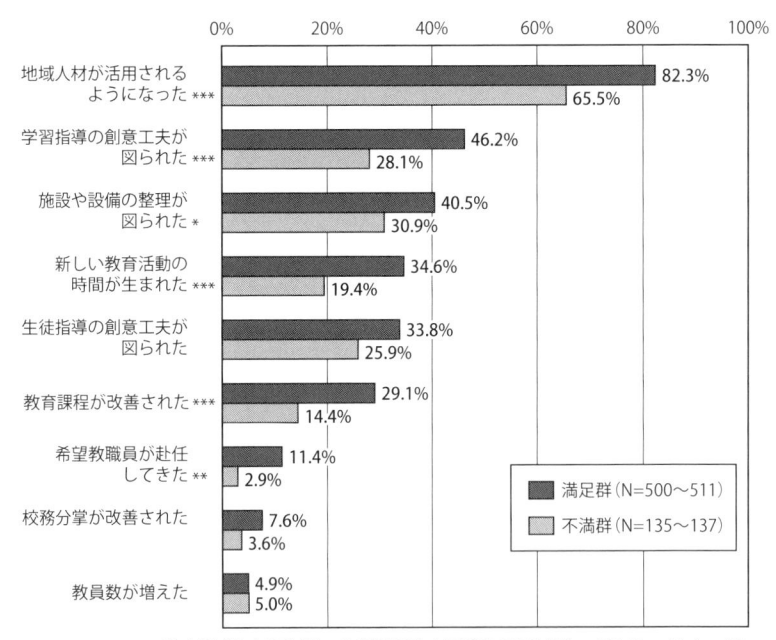

註:統計的に有意差があった実現事項には*を記してある（***p<.001、**p<.01、*p<.05）。

（2）学校運営協議会の運営上の課題から見た特性

　今度は、「現在、学校運営協議会を運営する上で、課題になっていることはどのようなことですか」という質問に対して、「はい」が選択された割合について見ていくと、図9のように、全体的に、「不満群」の回答が「満足群」のそれを上回る。

　数値が最も高い「一般教職員の関心が低い」は、「不満群」（77.7％）が「満足群」（54.6％）の数値より 23.1 ポイントも高い。また、「協議会が保護者や地域にあまり知られていない」（「満足群」53.6％・「不満群」73.4％）も同様に両群間の数値差が大きく、「不満群」が「満足群」を上回っている。コミュニティ・スクールに対する理解不足が強く課題視され不満につながる可能性がある。

　そのほか、学校運営協議会委員や会議に関する項目でも両者の差が大きい。「会議の日程調整や準備に苦労」（「満足群」51.1％・「不満群」66.2％）及び「適切な委員の確保や選定に苦労する」（「満足群」47.0％・「不満群」68.3％）は「不満群」の数値が高く、両群間に有意差が見られる。「委員が学校の状況を十分理解していない」（「満足群」8.7％・「不満群」27.3％）は数値こそ低いが、両群間に約 20 ポイントの差がある。

　なかでも、学校運営協議会に関しては教職員の負担が課題視される傾向にあるが、図中の項目のうち、「管理職や担当教職員の勤務負担」（「満足群」48.5％・「不満群」68.3％）はともかく、「提案事項遂行のために教職員が多忙になる」（「満足群」33.5％・「不満群」46.8％）を見ると、相対的に高い数値だとはいえない。これらの項目については、「不満群」の数値は高いが、「満足群」の学校の場合は、「管理職や担当教職員の勤務負担」では約半数（48.5％）で、また、「教職員が多忙になる」は3割強（33.5％）にとどまる。この点に関しても、「不満校」では事情が異なり、それらを課題視する割合が高いという特徴が見られた。

　ここで取り上げたすべての事項は、「満足群」よりも「不満群」で強く課題視され、とりわけ、コミュニティ・スクールに対する理解や関心

の不足でその傾向が強く見られる。また、会合の調整・準備は管理職等の勤務負担感につながっているものと推察できる。なお、「会議での議論」や「出席状況」「一部有力者の意見」など、会議の実際の運営場面については、さほど課題視されていないが、「不満群」の校長の方で比較的強く課題視されているようであった。

図9 「満足／不満」の校長にとっての課題 －「はい」の回答－

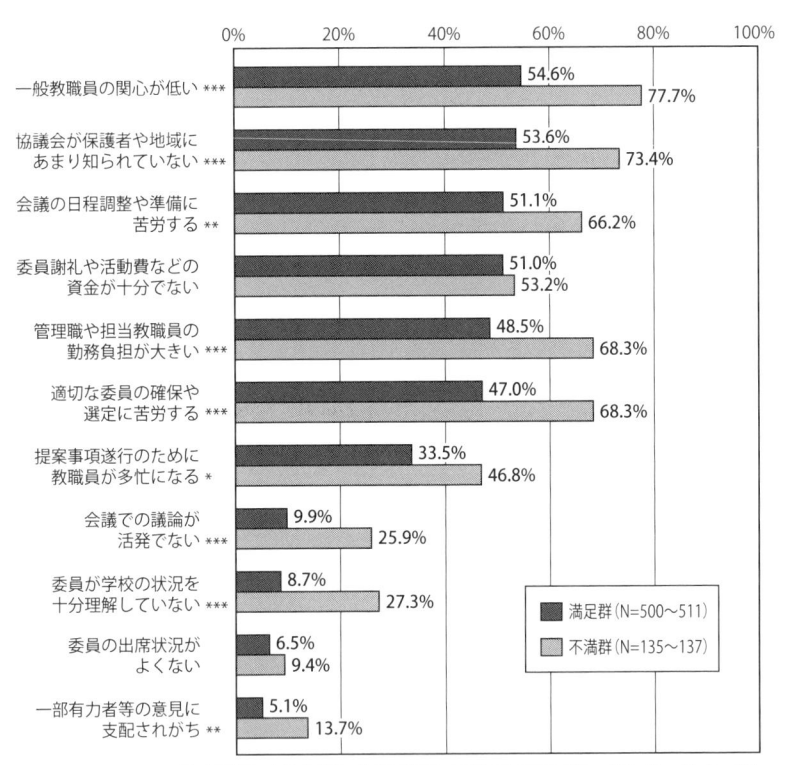

註:統計的に有意差があった実現事項には*を記してある(***p<.001、**p<.01、*p<.05)。

(3) 校長の満足感と不満感に及ぼす要因

さて、以上のように、学校運営協議会の意見によって実現した事項とその運営上の課題という、いわば「正・負」の両面から校長の「満足

／不満」感にかかわる特性を探ってみたところ、おおよそ以下のようなことが言える。

　第一に、「満足群」の学校では学校運営協議会の意見の実現率が高く、「不満群」の学校では学校運営協議会の運営上の課題が強く認識されているのである。「満足群」ではその実現率の高さが課題認識を弱めているのか、あるいはそもそも意見が実現しやすく、課題も少ない学校環境に置かれているのであろう。ただし、今回のデータからはそのいずれかはわからない。「不満群」では、これと正反対の状況にあると考えられる。

　第二に、意見の実現率を見ると、「地域人材の活用」という地域連携に関する事項が最も高い数値を示し、そのほか「学習指導の創意工夫」や「新しい教育活動」など、学習指導に関する事項も比較的高い数値にある。「地域人材の活用」の多くは学習指導にかかわるものと考えれば、これら学習指導関連事項に関しては、「満足群」の数値が「不満群」を有意に上回るように、満足感に強く影響する要因だと考えられる。なお、「校務分掌」や「教職員数」など学校経営に関する事項は実現率が低く、「満足群／不満群」間でも数値差がほとんど見られなかった。

　第三に、学校運営協議会運営上の課題に関しては、全体的に「不満群」の方が「満足群」よりも強く認識する傾向にある。特に、「一般教職員の関心が低い」及び「協議会が保護者や地域にあまり理解されていない」というコミュニティ・スクールに対する関心・理解の不足は強く課題視され、「不満群」が「満足群」の数値を有意に上回っている。つまり、関心・理解不足が「不満感」を生み出していると考えられるのである。そのほか、会議の準備とこれに伴う管理職等の勤務負担については、「不満群」のその割合が高い。会議の実際の場面よりも、その周辺的な業務による負担の方が「不満感」をもたらしているようである。

　なお、コミュニティ・スクールに対して「満足感」を抱く校長は、冒頭に記したように全体の約8割である。課題事項のうち「関心・理解不足」では、「満足群」の約5割が課題視しているが、残り半数は課

題視しているわけではない。「勤務負担」も同様である。

　以上から、コミュニティ・スクールで学校を活性化していくためには、①学校運営協議会の意見を活かすよう努力すること、そして、②その制度への関心を高め、理解を深めながら会議の効率的な運営を工夫すること、という二つの側面に配慮することが鍵になりそうである。

2 コミュニティ・スクール校長の満足感の拠り所

　今回は、筆者らが実施した調査の結果のうち、自由記述の分析からその満足感を形成する具体的な事項を取り上げることにしよう。

　そもそもコミュニティ・スクールに置かれる学校運営協議会は、教職員以外の多様な利害関係者（ステイク・ホルダー）から構成され、広く彼らに学校運営に対して意見を求め、「相互協力」を図るための協議の場として位置づけられる。校長の作成した基本方針を承認する役割は「合意形成」であると同時に、学校に対する「規律付け」機能を担うことになる。

　他の拙稿[14]では、学校のガバナンスを「規律付け」と「相互協力と合意形成」という二つの意義を有するものと述べたが、後者のうち「相互協力」に関してはソーシャル・キャピタル（社会関係資本）の概念として括られ、「合意形成」は創発的効果につながるものと解してよい。

　そこで、今回は、コミュニティ・スクールの成果を「相互協力（ソーシャル・キャピタル）」、合意形成過程で得られる「創発」、承認等による「規律付け」という三つの視点から、コミュニティ・スクール校長の自由記述の分析から、その満足感につながる成果認識を取り上げてみよう。

14）佐藤晴雄「学校のガバナンスからみたコミュニティ・スクールの課題と展望」『季刊教育法』181号6-11頁（エイデル研究所、2014年）

（1） コミュニティ・スクールに対する校長の評価 －満足度－

　成果認識に先だって述べたところであるが、コミュニティ・スクール校長の制度に対する評価の「満足／不満」の回答を、もう少し詳しく見ておくことにしよう。図 10-1、10-2 は、平成 23 年度調査[15] と平成 25 年度調査[16] のそれぞれの結果のうち、コミュニティ・スクールの「役割の現状」について、「満足している」「ある程度満足している」「やや不満である」「不満である」の 4 件法による回答を示している。

　平成 23 年度調査は、2004（平成 16）年度から 2011（平成 23）年 4 月までの指定校を対象とし、平成 25 年度調査は 2010（平成 22）年度以降の指定校を対象に実施したものだが、「満足」と「ある程度満足」の合計値は、平成 23 年度調査では 77.9 ％、平成 25 年度調査では 81.8 ％となる。両年度ともに約 8 割の校長が制度に満足感を抱いていることがわかる。以下、これら満足感を持つ校長の自由記述から、その内実を探っていくことにしよう。

図 10-1　平成 23 年度調査（N＝675）

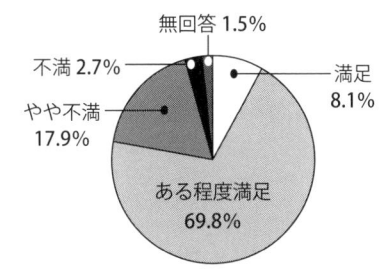

図 10-2　平成 25 年度調査（N＝760）

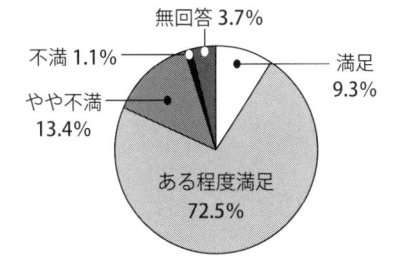

15） コミュニティ・スクール研究会・前掲注 1)

16） コミュニティ・スクール研究会 (代表：佐藤晴雄) 編『平成 25 年度文部科学省委託調査研究－コミュニティ・スクール指定の促進要因と阻害要因に関する調査研究』（日本大学文理学部、2014 年）。2010 年度以降の文科省調査研究校対象。2013 年 10 ～ 11 月実施。ここでは、回収数：指定校 760 校の校長による回答。

(2) ソーシャル・キャピタルの構築

　コミュニティ・スクールは、学校・家庭（保護者）・地域の「相互協力」のためのソーシャル・キャピタルを築く最も有効な仕組みだといえる。この点に関しては以下のような記述がある。

平成 23 年度調査

○学校運営協議会の組織は学校と地域、保護者を日常的、継続的、発展的につなぐ大切なネットワークとなっている。地域ぐるみで子どもを育てるという精神が大きく広がっている。

○コミュニティ・スクール制度により、学校・家庭・地域が三位一体となって、常に改善の意欲をもって、学校運営を行うことが出来た。その結果、教職員、保護者の意識改革につながり、児童の学力が向上してきている。（以下、略）

○コミュニティ・スクールは、地域、家庭、学校の共有の場として有効な制度であると思います。（中略）。学校が三者をつなぐハブとなるように本校のコミュニティ・スクールを発展させたいと思います。

平成 25 年度調査

○新しい時代の公共、福祉、教育を実現するためには、地域社会のネットワークの有効的な機能が不可欠だと考えます。そのために、コミュニティ・スクールは、実効ある働きをすると思われます。（以下、略）

○本校のように、地域が新しく、地域をまとめる組織がない中で、学校と地域を永続的に結びつけるしくみとして意義がある。

○今や学校の課題は地域の課題と密接に結びついている。学校の課題が多様化、複雑化している現在、地域との協力関係を築き上げることなく課題解決に向けて取り組むことはむずかしい。それゆえに、学力向上にせよ、豊かな心にせよ、体力づくりにせよ、地域の方々と力を合わせてその課題に取り組むことが必要である。学校は閉ざ

された世界であってはならない。コミュニティ・スクールはその学校と地域、保護者を結ぶ新しい相互の支援、協力、協働の道すじをつくると同時に旧来の学校と地域、保護者の関係、つながりを活性化させる働きも持っている。（以下、略）

○学校、保護者、地域が一体となって教育活動を展開する時、大きな成果が期待できる。そのためにコミュニティ・スクール制度は有効な手段ではないかと思う。保護者は当然のこと、地域のすばらしい教育力を今後さらに取り込んでいきたいと思う。

○コミュニティ・スクール制度によって、学校と地域の人々が目標を共有し、一体となって、地域の子を育んでいくことが、子どもを健全に育て、地域の絆を強めることになると考える。

○コミュニティ・スクールの指定を受けることによって、学校に対して協力を得ることのできる保護者や地域住民がたくさんいらっしゃることがわかった。また、その方々が学校と関わってくださることによって学校教育全体の活性化が図れる可能性を感じることができた。職員の中から地域や保護者の方々とのつながりを大切にしようという気運が生まれてきている。

　以上からわかるように、学校・家庭・地域が一体となり、子どもたちを育むためのネットワークや協力体制がコミュニティ・スクール指定によって築かれたようである。特に、「日常的、継続的、発展的なつながり」の核となり、また、「協力を得ることのできる保護者や地域住民」がいることが判明したという成果も注目される。そうした背景には、「地域との協力関係を築き上げることなく課題解決に向けて取り組むことはむずかしい」という現状認識があるものと思われる。さらに、教職員の意識改革も進んだという声もある。

（3）創発的効果の仕組み

　子どもたちの教育を学校だけで考え、取り組んでいくことには、もはや限界があるだろう。そこで、学校外の関係者の意見をくみ取ることは「創発」、すなわち「三人寄れば文殊の知恵」のような成果が得られるはずである。

平成 23 年度調査

○学校運営に関する学校長の示す案について論議し、多面的な視点、市民の視点から、意見・助言を行っていただくことが大切。地域の活性化に向け、学校が果せる役割について提案していただくことも期待される。人材など地域の持つ情報・資源と、学校の持つ情報・資源を共有することも大切だと思います。

平成 25 年度調査

○学校運営を学校だけで行うことは、現状の学校課題を考えると、不可能である。学校の情報をオープンにし、地域・保護者と課題や取組の情報と行動を共にすることで、解決できる課題が多くある。コミュニティ・スクール制度は、この問題を組織化して取り組める制度として適切である。

○現在、大学の専門の先生にも委員のメンバーとして入って頂いている。専門的な立場で多方面から意見を述べてもらい、学校経営上大変参考になっている。また、地域の方からも子どもたちや保護者、学校の様子をよく見て頂いた上で学校経営計画書、学校評価・予算等で貴重な意見や提言を頂いており、たくさんの気付きがある。地域の方に力をお借りしながら学校経営を推進することができ、有難く思っている。

○学校運営協議会の設立により、地域のニーズを充分に知ることができ、学校の課題を地域とともに解決する場ができると考えている。コミュニティ・スクールを推進することは、学校が地域を意識した教育を進めることにもつながり、学校への信頼を高め、地域社会に

対しての信頼感を高めていくことができる。特に人との関わり方や規範意識などの社会的資質が涵養されていくと期待される。

「多面的な視点、市民の視点」を取り込み、地域のニーズを把握することによって、課題解決に保護者・地域とともに課題解決に取り組むことができるという認識が強い。外部からの意見を得ることによって、「たくさんの気づき」があったという記述が、創発的効果を象徴している。このように、コミュニティ・スクールは、多面的な意見を広くくみ取る役割を果たしているのである。

(4) 学校変革の仕組み －「規律付け」の仕組み－

　コミュニティ・スクールは学校を支援するだけでなく、学校の問題点を指摘し、またその発生を防止するための「規律付け」（モニタリング）の役割を果たすことになる。ここに学校支援地域本部等との違いがある。学校に対する意見申し出や基本方針の承認によって、その機能が発揮されるわけである。

平成23年度調査
○コミュニティ・スクールの制度の一番のメリットは、従来の学校の古い体制を打破して、学校改革の歩みを早くすることにあると考えます。職員全体が共通理解しないと先に進めないという状況から、子どもたちを主体にし、地域の協力をいただき、学校が大きく変わろうとしています。

平成25年度調査
○学校運営協議会のメンバーの方は、学校を普段から支えてくださっている地域住民の代表者として参加してくださっているので、学校の応援団であると同時に、校長の学校運営のよき理解者として、また御意見番として機能しているように思っています。
○学校運営について、地域住民に相談できるので、とても良い制度だ

と思っている。また、地域・保護者の考えも知ることができ学校運営の参考になっている。耳の痛い話もあるが、学校改善の糸口となっている。

○学校経営がやりやすい。学校支援だけでなく学校教育目標を達成するためにも学校評価をし、学校の改善にもつなげられるシステム（ツール）だと考えている。

○学校のよきパートナーであり、辛口の友人として、考えている、非常に重要な役割をになっている。一方、当地においては、人事に関する意見具申はなじまない感じがする。

○PTA、地域住民、専門職（大学教授）等により、なごやかで前向きな意見が非常に参考になっている。ただ実際の活動においては、仕事の関係で保護者の参加が今一歩なのが今後の課題である。（以下、略）

○地域と連携して地元の公立小学校が存立していくのは当然と言えよう。今までが、あまりにも、教員たちが独善的に教育を遂行してきていた（怠けていた者もいた）ことが、保護者や地域の反感や不信感を生んだのだろうと思う。コミュニティ・スクール化は時代の流れの必然である。

　最初の記述にあるように、コミュニティ・スクールは「学校の古い体制を打破」する役割を果たす。具体的には、校長の「ご意見番」として、「相談できる」相手として、「辛口の友人」として、学校運営協議会は寄与していることがわかる。まさに、「教員たちが独善的に教育を遂行してきた」という反省的意見はコミュニティ・スクールの重要性を再認識させることになる。

（5）コミュニティ・スクール校長の特徴

　以上の記述を見る限り、コミュニティ・スクール校長にはある特徴が見られる。

　第一に、保護者や地域などのステイク・ホルダー（利害関係者）との「つながり」の必要性を強く認識し、それを求めていることである。コミュニティ・スクールは、「私の学校経営の中核です」という記述もあったが、この言葉はそうした「つながり」を重視する校長の声を代表するものであろう。

　第二に、学校だけでは現在の教育課題解決に限界があるという認識がある。教育界の実情を客観的に見たとき、もはや学校だけで解決困難な課題は多いはずで、そうした課題認識がコミュニティ・スクール校長には強く見られるのである。コミュニティ・スクールは不要だと認識する校長にはそうした認識が弱いのかも知れない。

　第三に、学校の自己完結的な「古い体制」を打ち破り、学校改善に意欲的な姿勢が見られる。そのためには、「辛口の友人」からの「耳の痛い話」も真摯に聴き取り、地域住民等に相談もできるので、「学校経営がやりやすい」のであろう。

　コミュニティ・スクール校長、特に満足感を抱いている校長の多くは、学校改善に意欲的で、保護者・地域との関係性を重視しているのである。

3 ｜ コミュニティ・スクールをめぐる校長の課題認識の変化

　これまでコミュニティ・スクールに対する指定校校長の満足感を取り上げたが、むろん課題視する関係者も存在する。しかし、筆者らが実施した調査によれば、コミュニティ・スクールの指定前と指定後では校長の課題認識が大きく変化し、解消する傾向が明らかになった。そこで、次に、その課題認識について取り上げることにしよう。

(1) コミュニティ・スクールをめぐる課題認識

　コミュニティ・スクールをめぐる校長の課題認識は、制度への理解不足、不要感の存在（理解不足が関係している）、運用上の課題に大別できる。

　制度の趣旨については、なかでも、学校運営協議会に与えられている教職員の任用申し出権限を危惧する声はいまだに絶えない。これはあくまでも、「任用」の意見に限った権限であるが、「人事」権にまで拡大解釈されてその問題性が指摘されることがある。さらに、校長が作成した基本方針に対する承認権も課題視される傾向がある。例えば、「本制度の趣旨はよく理解できるが、人事に関する事項について介入する必要はないと思う。校長の学校経営上の権限が薄れることはないか不安である」という未指定校校長の意見が、それらの不要感を象徴している[17]。

　そのほか、学校評議員や学校支援地域本部事業との違いが区別されていないこと、地域連携が順調だからコミュニティ・スクールは要らないという不要感が根強いことなども課題になる。これら課題の背景には、コミュニティ・スクールに対する理解不足があるように思われる。

　一方、学校運営協議会の運営上の課題も見られる。「地域の人材に限りがあり、小規模校で運営していくのはむずかしい」など人材不足や予算不足、教職員の多忙化という現実的な問題がある。これら課題は地域差や学校規模に左右されるのであろう。

(2) 課題認識の変化

〈1〉コミュニティ・スクールの趣旨理解の変化

　平成25年度文部科学省委託調査研究では[18]、コミュニティ・ス

---

17) コミュニティ・スクール研究会（代表：佐藤晴雄）編『平成23年度文部科学省委託調査研究－コミュニティ・スクールの推進に関する教育委員会及び学校における取組の成果検証に係る調査研究報告書（別冊）』108頁（日本大学文理学部、2012年）
18) コミュニティ・スクール研究会・前掲注16)

クールをめぐる課題に関する質問を16項目示し、それぞれについて、
コミュニティ・スクール指定の前後の認識を問うた。

図11　コミュニティ・スクール指定前・後の校長の課題認識
　　　　―「当てはまる」＋「ある程度当てはまる」の合計―（N＝760）

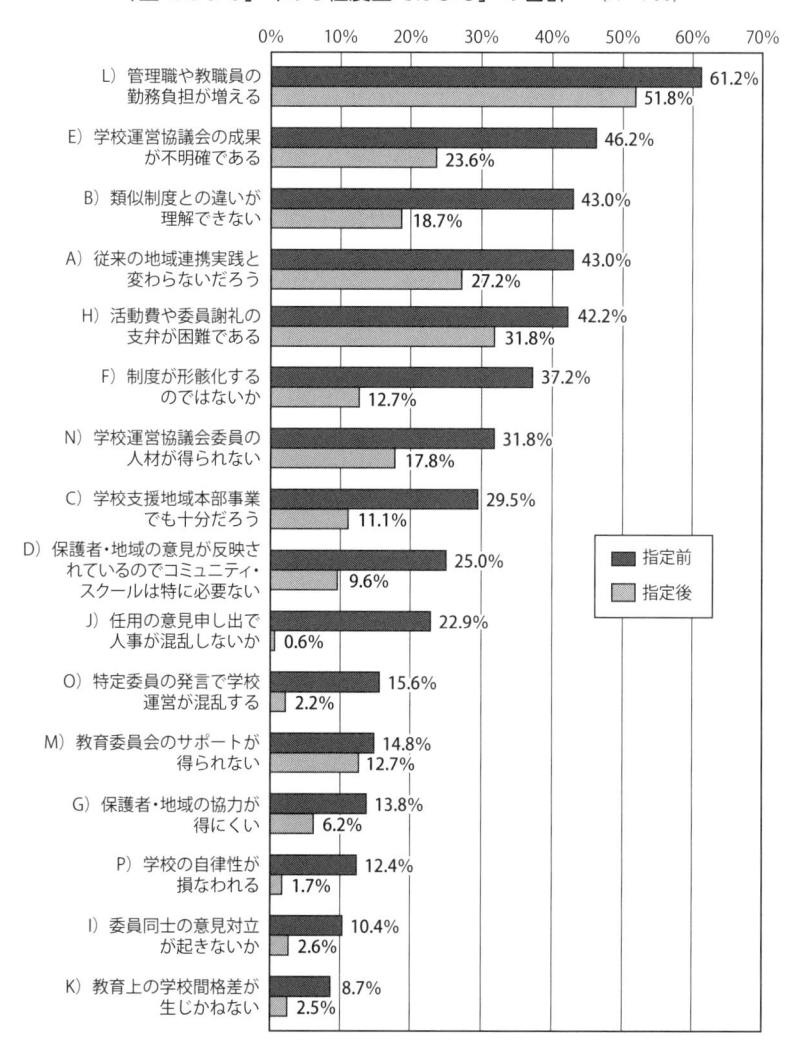

図 11 は、各項目に対する肯定的回答（「当てはまる」＋「ある程度当てはまる」の合計）の結果を表している。指定の前と後の質問文は以下のとおりである。

Q1　指定される前には、どのようなことを課題視していましたか。
Q2　指定された現在、どのようなことが実際の課題になりましたか。

　まず、比較的多くが課題視している「学校運営協議会の成果が不明確である」の項目は、指定前の数値が 46.2％であったが、指定後には 23.6％へと半減している。同様に、「従来の地域連携実践と変わらない」（指定前 43.0％→指定後 27.2％）、「（学校評議員制度など）類似制度との違いが理解できない」（同じく 43.0％→ 18.7％）という項目も、大きく減少している。これらの項目は、コミュニティ・スクールという新たな制度に対する理解不足が取り組み経験を通じて解消に向かい、その課題認識が弱まったのであろう。なかでも多くの関係者が懸念する「任用」意見に関しては、「任用の意見申し出で人事が混乱しないか」が指定前の 22.9％から指定後には 0.6％に激減している。「任用」意見については取り越し苦労だったことがわかる。

〈2〉不要感の変化
　不要感につながる項目である「従来の地域連携実践と変わらないだろう」を見ると、指定前の 43.0％から指定後には 27.2％へと約 16 ポイント減少している。「保護者・地域の意見が反映されているので CS（コミュニティ・スクール）は特に必要ない」（同じく 25.0％→ 9.6％）は指定前の数値こそ高くなかったが、指定後には大きく数値を減らし、不要感を抱く校長はわずか 1 割程度になったのである。
　他の仕組みとの関係では、「学校支援地域本部で十分だろう」（指定前 29.5％→指定後 11.1％）も指定後には減っている。すなわち、コミュニティ・スクールが学校支援地域本部以上の役割を果たすと認識し

始めた校長が増えたことになる。

〈3〉運営上の課題認識の変化

　運営上の課題についてどうだろうか。最も課題視されている「管理職や教職員の勤務負担が増える」は、指定前61.2％→指定後51.8％となり、いずれも全項目中で最高値を示している。確かに勤務負担増は避けられないのかも知れないが、注目すべきは指定後には約10ポイント減少している点である。

　また、「活動費や委員謝礼の支弁が困難」も42.2％と比較的高い数値にあるが、指定後（31.8％）には約10ポイント減少している。「学校運営協議会委員の人材が得られない」は数値こそ高くないが（指定前31.8％→指定後17.8％）の減少値は14ポイントになる。前述した制度の趣旨や不要感をもたらす理解不足などに較べて、運営上の課題認識は全体的に高い数値にあるが、この課題が地域性や自治体規模（予算を含む）など学校の努力だけでは克服しにくい条件に左右されるからだと考えられる。

　しかしながら、課題視する数値は約10ポイントから14ポイント程度、減少している。減少した学校では課題の克服がなされたとも推量できる。

　以上のうち、コミュニティ・スクールに対する捉え方や不要感（捉え方の一部でもある）は一定の実践経験によって徐々に解消されるであろうが、運営上の課題解決については学校や行政の工夫によるところが大きいと考えられる。そこで、最後に、運営上の課題に絞って、いくつかの事例からその克服の工夫について見ていくことにしよう。

（3）課題克服の工夫

〈1〉学校のスリム化

　まず、勤務負担の軽減に関しては学校のスリム化に関して成果が見られた例を一つ紹介したい。福岡県春日市では、①学校・家庭・地域の

三者で子どもを育てる共有感＝共育観の確立、②学校と地域の双方向の関係構築、③連携カリキュラムの推進が学校のスリム化をもたらしたとされる。例えば、学校支援活動による苦情の減少、見守り強化による補導件数の激減、地域主催に変更したサマースクールの実施などの成果が見られたが、これら取り組みは教育観に基づき、双方向の関係性のなかで推進され、結果としてスリム化につながったようである[19]。

　このように、苦情対応や生徒指導上の課題などプラスアルファの業務等が軽減され、これらにまつわる精神的負担も軽くなり、結果としてスリム化が図られたという例は各地でも見られる。また、職場体験の場や職業人講話の講師確保もスムーズに進んだという例は数え切れない。確かに、学校支援ボランティアの活躍が中心になるわけだが、学校運営協議会が組織的かつ恒常的に取り組むことによって、そうした取り組みが定着することが肝要なのである。つまり、連携担当教員の異動によって一からやり直すという事態が避けられるのである。

〈2〉予算の確保

　次に、予算等の確保の問題だが、前述の春日市の学校の中には、町内会がコミュニティ・スクールに支出する予算を確保している事例がある。熊本県内の学校でも同様の例がある。また、PTA 主催のバザーの売り上げをコミュニティ・スクール予算として用いている例も珍しくない。例えば、山口県内のある町の中学校では、コミュニティ・スクールに要する予算約 10 万円を、年 2 回のバザーの売り上げでまかなっているという。委員謝金は無理だとしても、学校の実情に応じた工夫によって消耗品等の予算を確保することは決して不可能ではない。

---

19) 山本直俊「学校のスリム化とコミュニティ・スクール」『季刊教育法』181 号 82-83 頁（エイデル研究所、2014 年）

〈3〉委員人材の確保

　委員人材の確保という課題についてはどうか。学校運営協議会の規則上の委員規定数は平均15人である[20]。これだけ確保するとなると、小規模自治体の小さな学校では難しいかも知れない。では、実際の校長はどのようにして人材発掘を行っただろうか。筆者らの調査によると（複数回答）、「自治会・町会関係者に相談した」が最も多く（64.9％）、次いで「PTA会員に相談した」（57.0％）、「教育委員会や役所等に相談した」（29.2％）、「他校に相談した」（14.4％）という結果が得られた[21]。相談しなかった割合はわずか3％に過ぎない。このケースは、校長自らが選んだり、評議員をそのまま移行させたりした場合である。

　つまり、多くのコミュニティ・スクール校長は、自らの人的ネットワークを活用するにとどまらず、広く関係者に相談して人材情報を得ていることがわかる。また、委員数を上限まで任用せずに絞り込んで、委員以外に、会議負担の少ない協力委員等を委嘱することも有効である。

　コミュニティ・スクールは、保護者・地域が学校運営に正式に参画する制度であるため、どうしても抵抗感を招きやすいことから、様々な事柄が課題視される傾向にある。しかし、実際には、当初の課題認識が取り越し苦労で、結局は指定後に経験と工夫によって弱まっているのである。そうした経験と工夫が、コミュニティ・スクールを活性化してくれるはずである。

20）コミュニティ・スクール研究会・前掲注16）331頁
21）コミュニティ・スクール研究会・前掲注16）345頁

第4章

学校運営協議会の役割と運営

1 校長が考える望ましい学校運営協議会委員

　前章では、コミュニティ・スクール指定校の校長の課題認識の一つとして、「委員人材の確保」が指摘されていることを述べた。それでは、どのような人材が学校運営協議会委員にふさわしいのであろうか。今回は、筆者らが2013（平成25）年度に、最近コミュニティ・スクールに指定された学校の校長に対して実施した調査[22]のうち、以下の設問によって回答を求めた結果から、校長が考える望ましい学校運営協議会委員のタイプを描いていくことにしよう。

> **Q25** あなたが考える学校運営協議会委員の適性について、強いて言えばどちらが望ましいと思いますか。AからGのそれぞれの「1」と「2」を比べて、そのいずれかを選んでください。

（1）校長が考える委員適性7項目の認識

　同調査では、「学校運営協議会委員の適性」について、A 従順×批判的、B 発言×出席、C 地縁×知識、D 客観的×理解者、E 非教職経験×教職経験、F 顔なじみ×公募、G 人生経験×若さという7項目を設定して回答を求めた。これら7要素から望ましい委員像を描き出すことにしよう。

---

22) コミュニティ・スクール研究会・前掲注16)。平成22年度以降にコミュニティ・スクールに指定され学校の校長の回答。

〈1〉校長に従順な人よりも、批判も述べてくれる人

　まず、A「従順×批判」という対立軸については、「1．学校運営に関して批判も言ってくれる人」の選択率は82.1％で、「2．校長の方針に素直に従ってくれる人」の17.9％を大きく上回った。いわゆる「辛口の友人」（critical friends）の方が望ましいと校長に認識されているようである。意欲的な校長にとって、委員が「素直に従う」たけではコミュニティ・スクールに指定された意味がないと捉えるからであろう。

　しかしながら、「2．校長の方針に素直に従ってくれる人」の選択が2割弱あることは問題視できるかも知れない。そうした認識だと、コミュニティ・スクールの形骸化につながることが危惧されるからである。

〈2〉出席が少ない人よりも、発言は少ないがよく出席してくれる人

　B「発言×出席」については、「1．発言は少ないが、とにかく会議に出席してくれる人」79.9％、「2．欠席しがちだが、よく発言してくれる人」20.1％で、「出席」を「発言」よりも重視することになった。これは、「辛口」をよしとしたAの質問結果と矛盾するような結果だが、とにかく「出席」を強く求めようとする姿勢の表れだと解される。見方を変えれば、あまり出席せず、事情をよく理解していないのに、出席した時だけは勝手に発言するような人は歓迎できないという考えの表れだともいえる。

　ただし、委員のうち学識経験者枠の場合には、本務の関係で欠席しがちなこともあるが、出席した時には積極的な発言がなされることになろう。そうした見方が「2．欠席しがちだが、よく発言してくれる人」に対する選択につながる可能性がある。

図12　校長が考える委員の適性条件

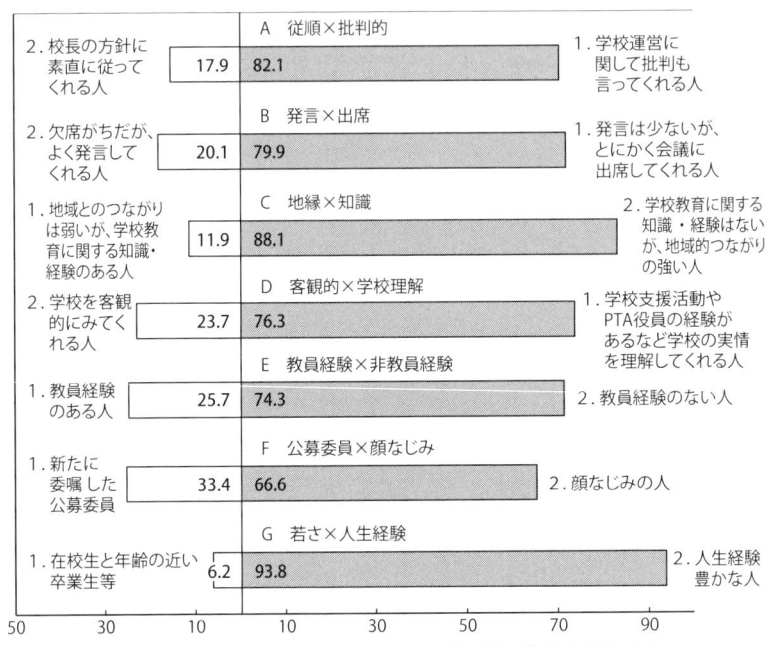

2．校長の方針に素直に従ってくれる人 ── A　従順×批判的 ── 17.9 / 82.1 ── 1．学校運営に関して批判も言ってくれる人

2．欠席がちだが、よく発言してくれる人 ── B　発言×出席 ── 20.1 / 79.9 ── 1．発言は少ないが、とにかく会議に出席してくれる人

1．地域とのつながりは弱いが、学校教育に関する知識・経験のある人 ── C　地縁×知識 ── 11.9 / 88.1 ── 2．学校教育に関する知識・経験はないが、地域的つながりの強い人

2．学校を客観的にみてくれる人 ── D　客観的×学校理解 ── 23.7 / 76.3 ── 1．学校支援活動やPTA役員の経験があるなど学校の実情を理解してくれる人

1．教員経験のある人 ── E　教員経験×非教員経験 ── 25.7 / 74.3 ── 2．教員経験のない人

1．新たに委嘱した公募委員 ── F　公募委員×顔なじみ ── 33.4 / 66.6 ── 2．顔なじみの人

1．在校生と年齢の近い卒業生等 ── G　若さ×人生経験 ── 6.2 / 93.8 ── 2．人生経験豊かな人

＊数値(％)は、「無回答」を除外し、選択肢番号「1」と「2」のみの回答を対象に算出した結果である。N=643人〜653人
＊「1」と「2」が左右逆になっている項目もある。

〈3〉学校教育の知識・経験があるよりも、地縁の濃い人

　C「知識×地縁」では、「1．地域とのつながりは弱いが、学校教育に関する知識・経験のある人」11.9％、「2．学校教育に関する知識・経験はないが、地域的なつながりの強い人」88.1％となり、「知識」よりも「地縁」が重視された。学校運営協議会は、ステイク・ホルダー（利害関係者）の意向反映のための仕組みであるから、「地縁」のある委員が重視されるのは当然である。このことは「出席」重視の傾向とつながってくる。ただし、「知識」が軽視されているわけではなく、学識経験者が委員として一定数存在することまで否定する結果ではないだろう。

〈4〉客観的にみる人よりも、学校の事情をよく把握している人

　D「学校理解×客観的」では、「1．学校支援活動やPTA役員の経験があるなど学校の実情を理解してくれる人」76.3％、「2．学校を客観的にみてくれる人」23.7％であり、「学校理解」者が「客観」よりも重視された。学校との一定のかかわりを持つ人の方が建設的な意見を申し出てくれるという校長の期待を見出すことができる。また、この結果は、コミュニティ・スクールにおいて学校支援活動がより積極的に展開されている事実とも、関係しているものと思われる。

〈5〉教員経験があるより、教員でなかった人

　E「教員経験×非教員経験」、すなわち教員経験の有無については、「1．教員経験のある人」25.7％、「2．教員経験のない人」74.3％となった。4分の3は、「教員経験」を重視していないのである。この場合も、ステイク・ホルダー重視という考え方に根づくものと思われる。〈3〉で述べたように、学校教育の知識・経験はあまり期待されていないことがわかる。ただし、この回答結果は前述の〈4〉と一見矛盾するように解せられるが、ようは、あくまでも当該校の「事情」を把握していることが望まれるのであって、一般的な学校の理解者が求められているわけではないのである。

〈6〉公募委員より、顔なじみ

　F「公募委員×顔なじみ」では、「1．新たに委嘱した公募委員」33.4％、「2．顔なじみの人」66.6％となり、後者の数値が上回る結果となった。「地縁」や「学校理解」と関係していると解せられ、また「不安感」の解消にもつながるからだと察することができる。この結果は、地縁の濃い人や学校の事情を把握している人が多くの校長に選択されたことと、同じような考え方によるのであろう。公募委員だと、学校事情に疎い人が委員になる可能性があることから、これを忌避する傾向があると考えられる。ただし、公募委員の選択率が相対的に高い

（25.7%）ことは注目に値する。顔なじみだと、どうしてもなあなあになりがちだから、これを避けたいと考える校長が4人に1人存在することになる。

〈7〉若い人より、人生経験豊かな人

G「若さ×人生経験」は、「1．在校生と年齢の近い卒業生等」6.2%、「2．人生経験豊かな人」93.8%となり、「若さ」より「人生経験」が重視された。一部の教育委員会では、卒業生の大学生などを委員委嘱する例もあるが、この選出枠が拡大しないのは、「人生経験」重視傾向から説明できる。人生経験豊かな人の、多様で豊富な経験に学ぼうとする校長の態度の表れだと解することができる。

(2) 望ましい委員像

以上の結果から、学校運営協議会の委員として多くの校長が期待する委員像とは、以下のとおりに集約できる。

「とにかく会議に出席し、学校をよく理解しながらも、時には批判も口にしてくれる、人生経験のある顔なじみの地域住民で、教員経験のない人」

これらすべての条件を満たす人がどれだけ存在するかは、地域事情によって大きく異なるが、実際の委員の多くは、これらの条件の多くを備えているといえよう。コミュニティ・スクールの指定を目指そうとする校長には、教育の専門的知識を持つ人材が確保できないと課題視する傾向がみられるが、すでに指定された学校の校長たちの多くはその専門性よりも地域や学校との関係性を重視していることがわかる。そして、そうした人たちから時には批判も申し出てくれることを期待している様子かうかがえるのである。そうしたタイプの人材ならば、日本全国どの学校の校区にも必ず存在するはずである。

ところで、現在のイギリスにおける学校理事会の場合はどうだろうか。イギリスの教育・技能省発行の『未来の学校理事会』[23]は、学校

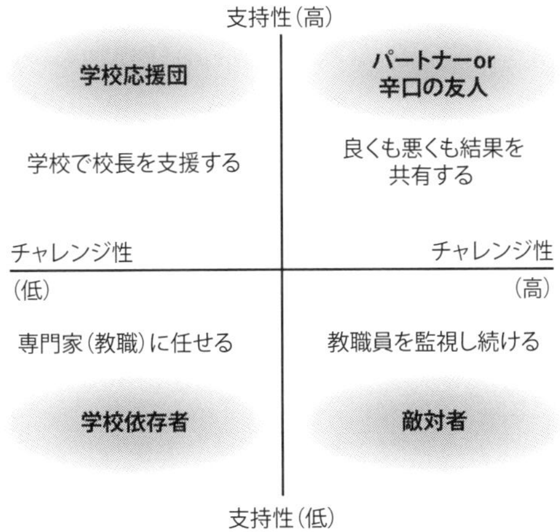

理事会の役割として、①学校のビジョンと戦略目標を設定して、そのための計画と方策を承認するとともに、教育資源の効果的な活用を行うこと、②教育活動の実施状況に対するモニタリングと評価を実施するとともに、学校運営の支援（支持）と改革のために校長に

図 13　チャレンジ性と支持性のバランス関係

支持性（高）

学校応援団	パートナーor 辛口の友人
学校で校長を支援する	良くも悪くも結果を 共有する

チャレンジ性（低）　　　　　　　　　　　　　　チャレンジ性（高）

専門家（教職）に任せる	教職員を監視し続ける
学校依存者	敵対者

支持性（低）

とっての辛口の友人として活動すること、③児童生徒と保護者に、そして地域社会と学校への資金提供者などに対する学校の責任を保証すること、の3点を記している。

　そして、学校理事会の理事のタイプを上図のように示して、このうち第一象限の「パートナー or 辛口の友人」が望ましいとする。学校を応援するだけの「応援団」ではチャレンジ性に欠け、教職員を監視するだけの「敵対者」は支持性を欠くことになるからである。また、チャレンジ性も支持性も低い「学校依存者」では、そもそも理事としての存在意義がないことになる。

　今回の調査結果を見ると、コミュニティ・スクールの校長は、イギリスの学校理事会理事の理想像とほぼ重なるタイプの人材、つまり学校を支持してくれるチャレンジ性のある「辛口の友人」を学校運営協議会委員に期待しているといってよい。

---

23) DfES,Governing the school of the future,2004,p.5

2 校長の「学校のガバナンス」認識

2015（平成27）年3月に教育再生実行会議が第6次提言でコミュニティ・スクールの導入を全国の公立小中学校で必置にすることを検討するよう提言し、これを受けて、文部科学大臣は中央教育審議会（以下、「中教審」という）に対して諮問を行った。そして、中教審初等中等教育分科会に「地域とともにある学校の在り方に関する作業部会」が設置され、具体的な検討に入ることとなった。この部会は、生涯学習分科会に設置された「学校地域協働部会」との合同会議も開催されたが、これは教育再生会議の第6次提言がコミュニティ・スクールと学校支援地域本部との「一体的な推進」を提言に盛り込んだからである。その結果、コミュニティ・スクールの導入は教育委員会の努力義務とされたところである。

そこで、今回は学校支援ではなく、学校運営協議会の権限等から、学校のガバナンス[24]に対する校長の認識を探ってみることにする。その権限等は、コミュニティ・スクールの不要感や不安感にもつながることがあり、したがって、コミュニティ・スクール普及の鍵を握ることになるからである。

（1）地域・保護者による学校運営参画に対する校長の認識

地域・保護者による学校運営参画は、学校のガバナンスの視点から重視されるようになったが、自己完結的な学校観の強い校長にとっては容易に受容できないことになり得る。学校運営協議会の権限を取り上げる前に、まず学校運営参画に対する校長の認識をコミュニティ・スクール（以下、「CS」と略記する場合がある）指定の有無別に見ていくこと

24）「ガバナンス」に関しては諸説が見られるが、「規律付け」と「新しい公共」の視点を含んだ概念だと解される。ここでは、この概念を学校に適用するのが「学校のガバナンス」だと捉えておく（佐藤晴雄・前掲注14）6-8頁）。

にしよう。

　筆者らの調査[25]では、「地域・保護者が学校運営に参画すべきである」⇔「学校運営は学校に任せるべきである」という二項対立的な選択肢から択一回答を求めた。その結果をCS指定の有無別に分析した結果が図14である。この図によると、「地域・保護者が学校運営に参画すべきである」の選択率は、「CS指定校＋予定校[26]」77.8％、「CS予定なし」（文科省の実践研究を受けた後にも指定校にならなかった学校）59.6％となり、前者が後者を20ポイント（18.2％）近く上回り、両者間に有意差が認められた。つまり、統計的に見ても、「指定校＋予定校」校長は、「CS予定なし」に較べて、学校運営参画に対する受容的認識を強く持っていることになる。ただし、「CS指定校＋予定校」の校長でも、「学校運営は学校に任せるべきである」と回答した者が22.2％存在することは課題視される。

図14　学校運営参画に対する認識（Q14）と指定の有無

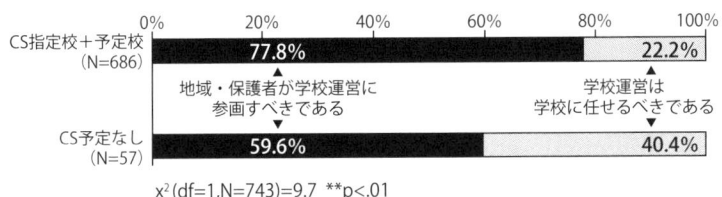

$x^2(df=1, N=743)=9.7$ **p<.01

（2）基本方針の承認権に対する校長の認識

　次に、学校運営協議会の権限等、すなわち、①校長の作成した基本方針に対する承認権、②教育委員会や校長に対する学校運営に関する意見申し出権（以下では、教育委員会と校長に対する意見を分けて分析す

25）コミュニティ・スクール研究会・前掲注16）
26）「予定」は、調査時点ではコミュニティ・スクールではないが、「1年以内」及び「2年以降」に指定される予定がある学校を意味する。

る）、③教職員任用に関する意見申し出権という3つの権限に対する校長の認識を見ていくことにしよう。

まず、学校運営協議会の権限のうち、校長が作成した基本方針への承認権についてはどうだろうか。調査では、「基本方針の『承認』は特色づくりにつながる」⇔「基本方針の『承認』は校長の裁量権を狭める」のいずれかを選択してもらったところ、図15のような結果になった。そのうち、「『承認』は特色づくりにつながる」を選択したのは、「CS指定校＋予定校」88.3％、「CS予定なし」75.4％となり、両者間の数値に統計的な有意差が認められた。

ただ、興味深いのは、「特色づくり」の選択率は指定（予定）の有無にかかわらず、前述した「地域・保護者が学校運営に参画すべきである」の回答値よりも高い点である。「CS指定校＋予定校」の場合、「学校運営に参画すべき」77.8％に対して、「『承認』は特色づくりにつながる」88.3％となり、「参画」よりも「承認」を受容する校長の割合が、約10ポイント高い。考え方によっては、「承認」の方が強い権限であるため、忌避される割合が高いものと解せるが、今回の調査ではむしろ逆で、その「承認」を肯定的に捉える割合が「参画」よりも高くなったのである。「CS予定なし」の場合も同様の傾向にある。おそらく、「承認」は、校長主導によって作成された基本方針に限定されるのに対して、「参画」は「承認」以外にも広く関与がなされる可能性があると捉えられているのであろう。

図15　学校運営協議会の承認権に対する認識と指定の有無

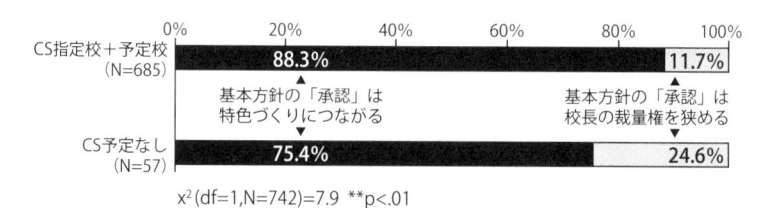

x²(df=1,N=742)=7.9 **p<.01

142

(3) 校長への意見申し出に対する校長の認識

　学校運営協議会には、校長に対する意見申し出が、学校評議員に較べて若干強い権限として与えられている。つまり、「校長の求め」を待つまでもなく、意見申し出が可能とされているのである。

　そこで、「校長への意見申し出で学校が活性化する」⇔「校長への意見申し出は学校の自律性を損なう」のいずれかを選択してもらった。その結果は図16に記されているが、この図によると、「学校が活性化する」という受容的な考えを持つ校長は、「CS指定校＋予定校」87.1％、「CS予定なし」75.4％になる。「CS指定校＋予定校」の方が高い数値を示し、「CS予定なし」とは有意な差が認められた。

　「CS指定校＋予定校」の校長の方が「意見申し出」に受容的な傾向にあるわけだが、「CS予定なし」でも約75％が受容的な考え方を持っていることは注目に値する。

図16　校長への意見申し出に対する認識と指定の有無

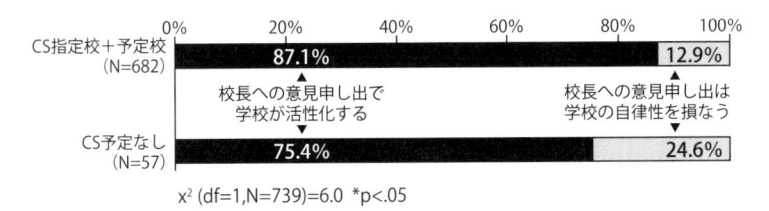

x^2 (df=1,N=739)=6.0　*p<.05

(4) 教育委員会への意見申し出に対する校長の認識

　教育委員会に対する意見申し出についても、前問同様の選択肢を設けた。その結果（図17）、「教育委員会への意見申し出で学校が活性化する」と回答した校長は、「CS指定校＋予定校」75.7％、「CS予定なし」80.4％である。この場合、他の回答結果とは異なり、「CS指定校＋予定校」よりも「CS予定なし」の数値が高くなる。

　「CS指定校＋予定校」の校長は、前問と較べると、自らに対する意見申し出は受容する（87.3％）が、「教育委員会への意見で学校が活性化

する」（75.7％）となると、若干の懸念を抱くのであろう。校長自らを飛び越して教育育委員会に意見が向かうことを懸念するからだと考えられる。

図 17　教育委員会への意見申し出に対する認識と指定の有無

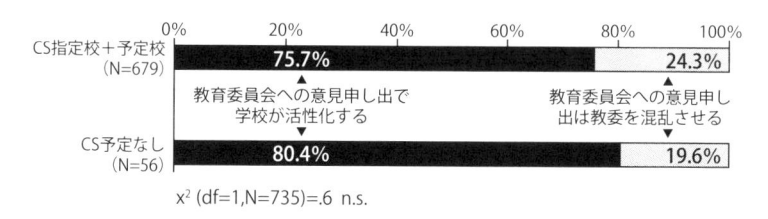

(5) 教職員の任用意見申し出権に対する校長の認識

　学校運営協議会の権限のうちで最も強く懸念される事項である「教職員の任用意見」に関してはどうか。調査では、「教職員任用の意見申し出でよい先生が着任してくる」⇔「教職員任用の意見申し出は人事を混乱させる」のいずれかを選択してもらった。図 18 は、その結果を示しているが、この図によれば、「よい先生が着任してくる」と回答した受容的な校長は、「CS 指定校＋予定校」30.2％、「CS 予定なし」26.8％となり、前者の数値が若干高いが、統計的な有意差はない。全体的に、「よい先生が着任してくる」の回答値が低く、「任用意見」に関しては、「人事を混乱させる」と否定的な受け止め方をする校長が 7 割前後存在している。

　やはり「任用意見」に関しては、指定の有無にかかわらず、校長に非受容的な姿勢が強く見られる。その理由として考えられるのは、「任用意見」が校長や市区町村教育委員会を飛び越え（市区町村教委を経由することとされてはいるが）、任命権者たる都道府県教育委員会に及ぶ行為だということである。

　なお、「CS 指定校＋予定校」でありながら、「人事を混乱させる」の回答値が約 70％だということは、「任用」を懸念しつつも指定に至った

り、至ろうとしたりする学校が少なからず存在することになる。指定校ですらそうだとすれば、「任用」権限の存在はコミュニティ・スクール指定を強く左右する要因になってはいないと解すこともできる。つまり、「任用」権限には非受容的であっても、コミュニティ・スクールの指定を受けている校長が多いからである。

図18　教職員任用意見に対する認識と指定の有無

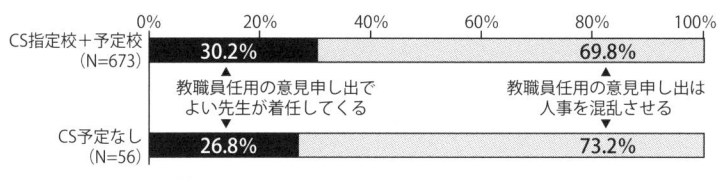

x^2(df=1,N=729)=.3　n.s.

(6) 小括

　以上から、おおよそ以下のことがいえる。

　第一に、地域・保護者による学校運営参画については、「CS指定校＋予定校」では8割弱（77.8％）が「参画すべき」だと認識しているが、「CS予定なし」ではその割合が約6割にとどまる。つまり、指定か否かによって、「参画」の受け止め方には違いが見られたのである。コミュニティ・スクール未指定校の校長は、いまだ自己完結的な学校観を抱く傾向が強いのに対して、コミュニティ・スクール校長は地域・保護者の学校運営へのかかわりを肯定的に捉え、いわば「開かれた学校づくり」に積極的だといえるのである。

　第二に、「承認」に関しては、むしろ「参画」よりも受容的な校長の割合が高く、ここで取り上げた5つの質問項目の中では、「校長への意見申し出」と並んで高い数値を示したのである。この質問に対する受容的な回答（「承認は特色づくりにつながる」、「校長への意見で学校が活性化する」の選択率）はいずれも、「CS指定校＋予定校」90％弱、「CS予定なし」約75％となる。「承認」を受容的に捉える割合が高いのは、

「参画」よりも関与が限定されているからだと考えられる。

　第三に、校長への意見申し出については、「学校が活性化する」と受容的に捉える割合が、「CS指定校＋予定校」87.1％・「CS予定なし」75.4％となり、前者の選択率が後者を有意に上回るものの、両者の数値は「承認」と並んで高い。つまり、指定の有無等にかかわらず、校長に対して直接意見を申し出ることに関しては、その意義を認めるものが多数を占めていることになる。

　また、「教育委員会への意見申し出」の場合、「学校が活性化する」とした受容的な校長の割合は80％前後と決して低くないが、「CS指定校＋予定校」約75％、未指定校80.4％となり、むしろ後者の方が高い。ただ、「承認」及び「校長への意見申し出」に較べて若干低い数値になる。このことは、意見が教育委員会という学校外にも及ぶことを懸念する校長が若干多いからだと解せられる。

　第四に、「教職員任用の意見申し出」は、指定か否かにかかわらず受容的な者の割合が低く、30％前後にとどまる。7割程度が人事の混乱を懸念している。「任用」は、「参画」や「承認」とは異なり、関与が強く任命権者にも及び、かつ「人事」関与の一環をなす行為であることから、非受容的な考え方を持つ校長が多いと推察できる。

　第五に、「承認」及び「校長への意見」については、受容的な考えの校長が全体的に多く、コミュニティ・スクールの「指定校・予定」の校長の割合が「CS予定なし」の校長よりも有意に高かった。「参画」は、以上の受容的な数値を若干下回るが、「CS指定校＋予定校」が「CS予定なし」よりも受容的な傾向にある。これら権限に対する校長の認識がコミュニティ・スクール指定の有無に関係していると考えられるが、「承認」及び「校長への意見」は「CS予定なし」の未指定校校長にも受容的なものが決して少なくない。

　これに対して、「任用」に関しては、コミュニティ・スクール校長ですらも受容的な校長は少ない。受容的でないにもかかわらず指定を受けた校長が多く存在するという事実からは、「任用」に対する認識の在り

方は指定の有無を左右する要因にはなりにくいと解せられる。

　以上からいえることは、「承認」や「校長への意見」、そして「教委への意見」は、学校を活性化し、特色ある学校づくりにつながると認識される傾向にあり、したがって、これらの成果に対する理解を深めることがコミュニティ・スクールの普及を促すことになろう。そして、「任用」に関しては、義務行為ではなく任意の行為であることをあらためて認識される必要があり、また校長の人事に関する意見具申権との摺り合わせを行うような方法の検討が課題になるものと思われる。コミュニティ・スクールを必置とするならば、その理解を確実に拡げることと、特に「任用意見」関しては地域の実態に応じた運用を工夫することが課題になりそうである。

3 学校運営協議会の3権限をどう捉えるか

　前項では、校長の「学校のガバナンス」に対する認識を調査に基づいて考察を試みた。その結果、校長の基本方針の「承認」に対する肯定的認識は高く、教職員の「任用意見申し出」に対しては否定的認識が強く見られたところである。また、「学校運営意見の申し出」に関しては、「校長に対する意見申し出」よりも「教育委員会に対する申し出」に対する認識の方が否定的であった。「任用意見申し出」が忌避されるのは十分予想されたが、「教育委員会に対する意見申し出」（肯定的回答75.7％）は、基本方針に対する「承認」（同88.3％）よりも肯定率が低い点が注目される。普通に考えれば、「承認」は校長にとっての「拒否点」[27] となるから、「意見申し出」よりも忌避されることになるが、調査結果ではむしろ逆になった。なぜであろうか。

　そこで、本項の最後で、その点に注目しながら、3つの権限に対する校長の捉え方を理論的に解明することにしたい。

（1）学校運営協議会の権限に対する校長の認識
〈1〉学校運営協議会の権限に対する重要性の順位認識

　学校運営協議会が有する法定3権限、すなわち、①校長が作成した基本的な方針に対する承認権、②学校運営に関する教育委員会及び校長への意見申し出権、③教職員の任用に関する意見申し出権は、学校評議員制度には見られなかった比較的強い権限であることから、コミュニティ・スクール制度の導入を阻害する要因になり得る。例えば、文部科学省の調査研究協力者会議の提案[28] は、それら権限が「学校運営協議会設置の足かせとなっている実態も存在する」と指摘する。

27）「拒否点」（veto point）とは、政策・法案が可決される過程で、多様な関係者の影響力行使を可能にするために不可欠な審議や承認等のことを意味する。政策等の主体にとっては障害物になりうるという意味で「拒否点」の語が用いられる。

　そこで、平成 23 年度調査[29]から、これら権限に対する校長の重要性認識を見ていくことにしよう（下記設問）。

> Q. 学校運営協議会には法律上、以下の権限が与えられていますが、あなたは、特にどの権限が大切だと考えますか。大切であると考える順に、項目の番号を回答欄に書いてください。
>
> 1. 校長が作成した基本的な方針（教育課程等）を承認すること
>
> 2. 学校運営に関して校長や教育委員会に意見を述べること
>
> 3. 教職員の採用等の任用に関して意見を述べること

　その結果（図 19）、第 1 位として最も多くの回答があったのは、「全体」で、「校長が作成した基本的な方針を承認すること（「承認権限」）」であった（全体 63.4％）。次いで、「学校運営に関して校長や教育委員会に意見を述べること（「運営意見権限」）」（全体 30.3％）が続き、「教職員の採用等の任用に関して意見を述べること（「任用意見権限」）」（全体 6.3％）は最も回答率が低かった。

---

28) コミュニティ・スクールの推進等に関する調査研究協力者会議報告『コミュニティ・スクールを核とした　地域とともにある学校づくりの一層の推進に向けて』文部科学省初等中等教育局参事官付（2015 年）
29) コミュニティ・スクール研究会・前掲注 1）85 頁

図19 学校運営協議会権限の重要性認識

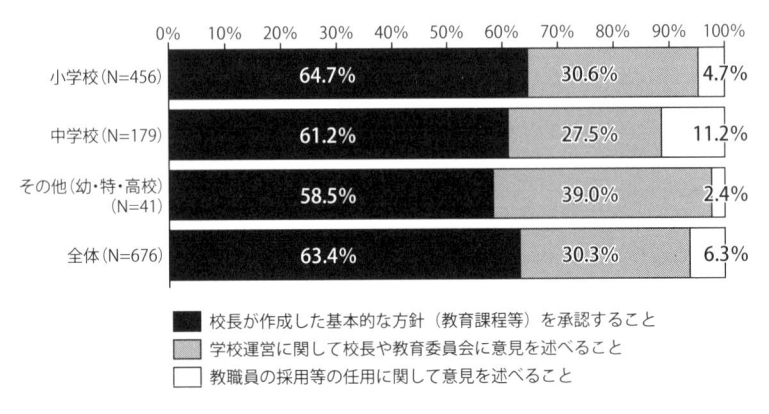

小学校(N=456)	64.7%	30.6%	4.7%
中学校(N=179)	61.2%	27.5%	11.2%
その他(幼・特・高校)(N=41)	58.5%	39.0%	2.4%
全体(N=676)	63.4%	30.3%	6.3%

■ 校長が作成した基本的な方針（教育課程等）を承認すること
▨ 学校運営に関して校長や教育委員会に意見を述べること
□ 教職員の採用等の任用に関して意見を述べること

　校種別では、中学校では「任用意見権限」の数値が相対的に高くなったが（11.2%）、全校種共に「承認権限」が最高値であり、その権限の順位に変わりなかった。

　「任用意見権限」はともかくとして、「運営意見権限」より「承認権限」を重視する校長が多い。冒頭で述べたように、「承認権限」の方が「運営意見権限」よりも学校関与の程度が強いように思われるが、校長の立場から見れば、協議会の「運営意見」が教育委員会にまで波及することに不安感を持つのであろう。「承認」が校内事項にとどまるのに対して、「運営意見」（教育委員会に向けられる場合）と「任用意見」は校外の教育委員会に波及する作用であるため、校長の受容態度に影響していると考えられる。ちなみに、図示していないが、学校運営協議会委員の同じ質問に対する回答は、「承認権限」が最多であることに変わりないが、その選択率は51.8%と低くなり、また、同様に教育委員会の回答では49.7%とさらに低下している[30]。委員にとっては校外波及作用への不安は校長ほど強くなく、教育委員会から見ればその作用に意見交換の活発化を若干期待するのであろう。

---

30) コミュニティ・スクール研究会・前掲注1)

これら 3 権限に対する校長の認識の在り方は、以下の図 20 によって説明できる。

図 20 学校運営協議会の「3 権限」認識の位相

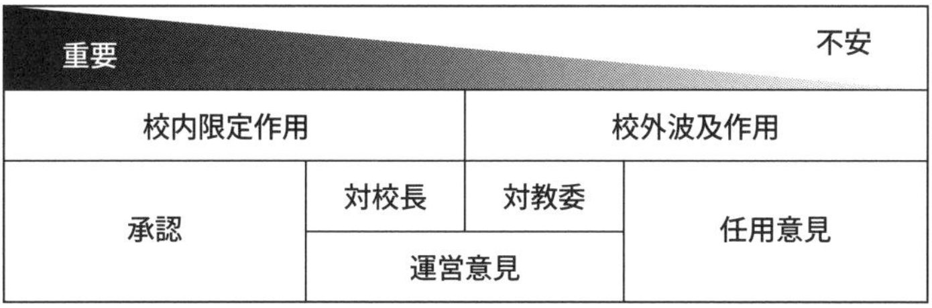

重要			不安
校内限定作用		校外波及作用	
承認	対校長	対教委	任用意見
	運営意見		

〈2〉学校運営協議会 3 権限認識の位相

校長にとっての重要性認識の対極には、不安感（警戒感といってもよい）がある。教育委員会への運営意見（以下、「対教委・運営意見」という）によって校長の裁量権が侵されないか、学校経営の一貫性が損なわれないかという不安があり、また「任用意見」によって校長の人事意見具申権や任命権者の人事権が揺らがないかという不安もある。これら二つの「意見」は校外波及作用であるから校長のコントロールが困難だという性質を持つ。

これに対して、「承認」及び「対校長・運営意見」は校内限定作用として校長のコントロールが可能な範囲にとどまることから、校長にとって不安・警戒感の対象から外れるか、その感情が弱化するものと思われる。

ようするに、校長の重要性認識は不安感の弱さの「裏返し」として捉えることができ、その認識に基づく権限規程選択は不安感を避けた結果だと解せられる。そう考えれば、一部自治体の学校運営協議会規則に、「運営意見」と「任用意見」に際して「校長の事前聴取」を条件づける例が存在する実態は理解できることになり、これはその「意見」を校内限定作用に取り込もうとする形になる。また規則には「承認権限」

または「任用意見権限」を除外した例もあるが、これは「校外波及作用」を切り取った形になる。いずれも、意見が校長の頭越しに外部に及ぶことを避けて、校長の不安感を払拭ないしは弱化しようとするものである。

そう捉えると、学校評議員が全国の8割近い学校に普及した理由も説明できる。学校評議員は校長に対して意見を述べるという校内限定作用であるから、校長にとっての不安感（警戒感）の対象にはなりにくいのである。

このように、「対教委・運営意見」や「任用意見権限」などの校外波及作用を不安視して忌避する傾向はいまだ校長には根強く残っているといえよう。

参考までに三鷹市立第七中学校が実施した調査[31]を見ると、権限規程に関する同じ質問に対する重要度第1位の回答のうち任用意見は、保護者39.7％、一般地域住民23.0％、いずれも他の権限に較べて最高値を示している。保護者や住民にとって校外波及作用は学校マターであるから自らの不安感の対象だと強くは認識されず、また人事が関心事になっている傾向を見出すことができる。

〈3〉 校長認識の校長経験年数別比較

このような「校外波及作用」に対する不安感ないしは警戒感は、校長経験の蓄積によって薄まっていくことが考えられる。そこで、同調査[32]によって、3権限認識を校長経験年数別に分析した結果、図21のように、「承認権限」選択率は、校長経験「1年目」が72.4％であるのに対して、「2〜3年目」65.3％、「4〜5年目」63.1％と経験年数が長くなるに従って低くなり、「6年以上」になると56.5％にまで低下することが明らかになった。

31）佐藤晴雄編著『コミュニティ・スクールの研究』213頁（風間書房、2010年）
32）コミュニティ・スクール研究会・前掲注1）

図 21　学校運営協議会の権限に対する校長の認識 —校長経験年数別—

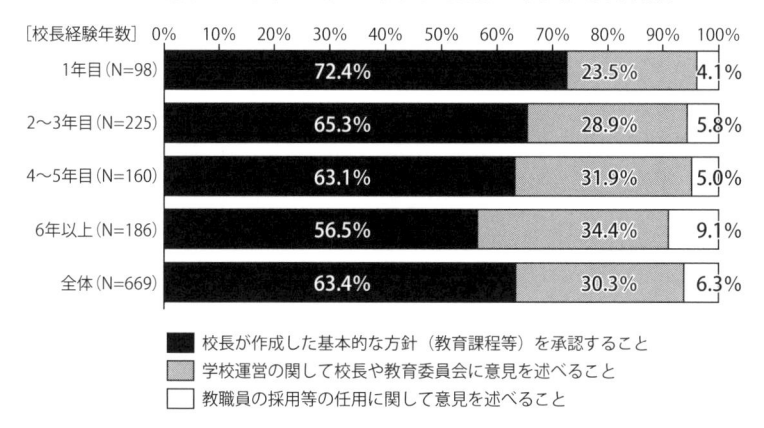

これに対して、「運営意見権限」の選択率は経験年数が長くなると高くなり、「1年目」が23.5%であるのに対して、「6年以上」では34.4%にまで上がる。「任用意見権限」も「1年目」は4.1%であるが、「6年以上」では9.1%になる。

　予想どおりに、校長経験が長いと、校外波及作用に対する不安感が軽減する傾向にあることがわかった。おそらく、校長経験によって学校経営者としての自信が強まり、また教育委員会との関係も強固になっていくからだと考えられる。

4 コミュニティ・スクール拡充の課題

　今回は、校長が「運営意見権限」よりも「承認権限」を重視する実態の背景を理論的に探ることを試みた。校長にとっては自らの頭越しに意見が校外に及ぶことに不安を抱く傾向にあり、それゆえに、校内に留まる「承認」を他の権限よりも重視する実態にあると考えられる。しかしながら、校外波及作用に対する不安は校長経験の蓄積によってある程度弱まる傾向にあることが明らかになった。裏を返せば、校外波及作用

に対する不安感は、校長経験に裏づけられた経営者としての自信の不十分さによるものと解することもできる。

　このように捉えれば、コミュニティ・スクールの拡充には、3 権限の見直しを図ることも課題になり得るが、それよりも、校長の自信や力量を高めることが当面の課題になるといえよう。教育委員会規則の中には、「任用意見申し出権限」を外したり、「教育委員会に対する意見申し出権限」を条件づけたりする例が見られるものの、これらは対処療法的としての意味はある。しかし、学校のガバナンスを重視するならば、むしろ校長のリーダーシップやマネジメント力を強化していくことこそが、コミュニティ・スクールを拡充させるための本質的な課題になると考えられるのである。

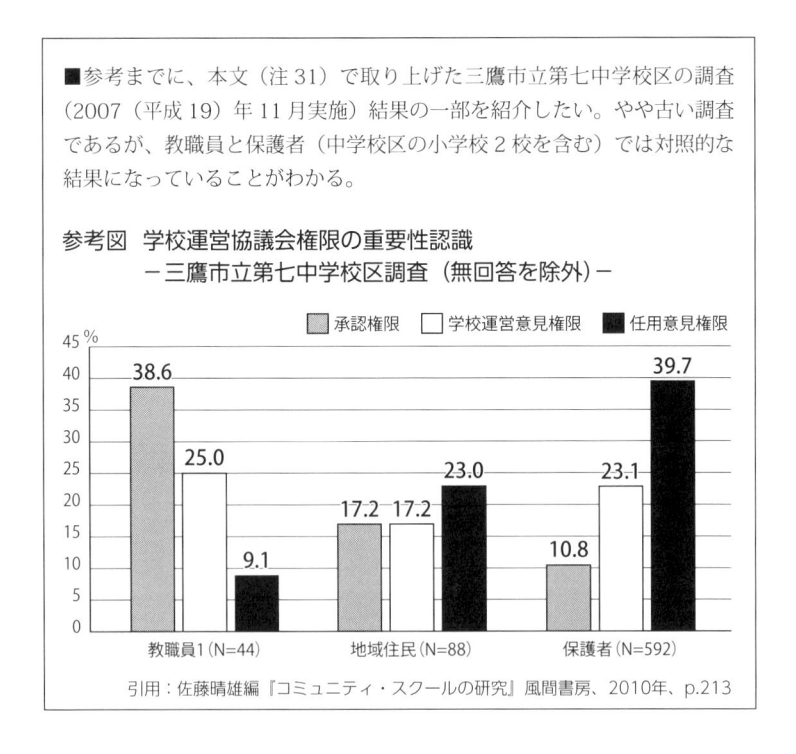

■参考までに、本文（注31）で取り上げた三鷹市立第七中学校区の調査（2007（平成19）年11月実施）結果の一部を紹介したい。やや古い調査であるが、教職員と保護者（中学校区の小学校2校を含む）では対照的な結果になっていることがわかる。

参考図　学校運営協議会権限の重要性認識
－三鷹市立第七中学校区調査（無回答を除外）－

凡例：承認権限　学校運営意見権限　任用意見権限

	教職員1(N=44)	地域住民(N=88)	保護者(N=592)
承認権限	38.6	17.2	10.8
学校運営意見権限	25.0	17.2	23.1
任用意見権限	9.1	23.0	39.7

引用：佐藤晴雄編『コミュニティ・スクールの研究』風間書房、2010年、p.213

地域学校協働活動と
学校運営協議会 [1]

1 コミュニティ・スクール導入努力義務化への軌跡

(1) 第2期教育振興基本計画の「1割目標」

コミュニティ・スクール制度の法制化後に、その指定を本格的に促す流れが表れ始めたのは、第2期教育振興基本計画（2013（平成25）年6月14日閣議決定）である。「計画中の「4. 絆づくりと活力あるコミュニティの形成」のうちの「成果目標8（互助・共助による活力あるコミュニティの形成）」の具体的目標として「コミュニティ・スクールを全公立小・中学校の1割に拡大」を打ち出した。実は、この目標が示される以前には、文部科学省「学校運営の改善の在り方等に関する調査研究協力者会議の「報告」[2] が国に対する5つの推進目標を提案し、そのうち「① 今後5年間でコミュニティ・スクールを全公立小中学校の1割に拡大」するよう求めていた。筆者はその委員の一人として協議に加わったが、会議では数値目標を示すか否か、示すならばどの程度にするかという点で議論がなされ、結果として「5年間で1割」という数値になった。この数値目標が教育振興基本計画に反映された形になる。

---

1) 本章は以下の文献を参考にした。コミュニティ・スクール研究会編『平成27年度文部科学省委託調査研究　総合マネジメント強化に向けたコミュニティ・スクールの在り方に関する調査研究報告書』（日本大学文理学部、2016年）、佐藤晴雄『コミュニティ・スクールの成果と展望』（ミネルヴァ書房、2017年）。
2) 「子どもの豊かな学びを創造し、地域の絆をつなぐ～地域とともにある学校づくりの推進方策～（報告）（2011年7月5日）

（2）教育再生実行会議の第六次提言
　－CS 未導入地域の解消を提言－

その後、2015（平成27）年に、教育再生実行会議の第六次提言「『学び続ける』社会、全員参加型社会、地方創生を実現する教育の在り方について（2015（平成27）3月4日）が「◎地域を担う子供を育て、生きがい、誇りを育む」という柱の中で、以下の記述を盛り込んだ。

> 「少子・高齢化が進展し、地域コミュニティに多様な機能が求められる中で、学校は、人と人をつなぎ、様々な課題へ対応し、まちづくりの拠点としての役割を果たすことが求められます。こうした観点から、全ての学校において地域住民や保護者等が学校運営に参画するコミュニティ・スクール化を図り、地域との連携・協働体制を構築し、学校を核とした地域づくり（スクール・コミュニティ）への発展を目指すことが重要です。その際には、学校教育と社会教育が一体となったまちづくりの視点も重要です。」

そして、「教育機関を核とした地域活性化」に関して、国及び地方には以下の施策を求めた。

> 「○国は、コミュニティ・スクールの取組が遅れている地域の存在を解消し、一層の拡大を加速する。このための制度面の改善や財政面の措置も含め、未導入地域における取組の拡充や、学校支援地域本部等との一体的な推進に向けた支援等に努める。そして、全ての学校がコミュニティ・スクール化に取り組み、地域と相互に連携・協働した活動を展開するための抜本的な方策を講じるとともに、コミュニティ・スクールの仕組みの必置について検討を進める。
> ○地方公共団体は、国の支援策も活用して、全ての学校におい

てコミュニティ・スクール化を図ることを目指す。その際、学校と地域をつなぐコーディネーターを配置することや、地方公共団体の判断により、小中一貫教育の取組と連携して進めることも効果的である。さらに、こうした人的ネットワークが地域課題解決や地域振興の主体となることを目指す。」

　この教育再生実行会議のメンバーには、コミュニティ・スクール導入目標を協議した前記の調査研究協力者会議の一人の委員が含まれていたこともコミュニティ・スクール必置化に関する提言に影響を及ぼしたものと考えられる。

（3）中央教育審議会答申から法改正へ

　同第六次提言を受けて、同年4月に、当時の下村文部科学大臣は中央教育審議会に対して諮問) [3] を行い、以下に関する審議を求めた。

　　○コミュニティ・スクールの在り方の検討に関して、校長のリーダーシップの観点や、学校支援や学校評価等の関連の仕組みとの一体的な推進の観点、小中一貫教育等の学校間連携を推進する観点等について、どのように考えるか。
　　○全ての学校のコミュニティ・スクール化に係る総合的な方策の検討、とりわけ、コミュニティ・スクールの仕組みの必置の検討にあたり、学校や地域の状況、市町村や学校の規模との関係、幼稚園・高等学校・特別支援学校におけるコミュニティ・スクールの在り方、小規模自治体における教育委員会と学校運営協議会との関係の取扱い等をどのように考えるか。

　諮問を受けた中央教育審議会は、2015（平成27）年5月19日に「地域とともにある学校の在り方に関する作業部会」を設置し、導入義務化の具体的審議を進めるが、審議機関途中から生涯学習分科会と合同会議

を持つようになり、地域学校協働本部等との関係の在り方についても審議することになった。作業部会には筆者は専門委員として審議に関わったところである。この時点ではすでに「1割目標」が達成されているので、作業部会では必置か否かを争点とし、最終会議では義務化を主張する委員もいたが、時期尚早であり、また地域事情も考慮すべきだという意見から努力義務化という結論を答申案に盛り込んだのである。

　中央教育審議会は「答申（案）」を改めて審議した結果、これに概ね沿う形で2015（平成27）年12月に答申[4]を大臣に提出したのである。

　同答申は、「地域とともにある学校に転換するための仕組みとしてのコミュニティ・スクールと、社会教育の体制としての地域学校協働本部が、相互に補完し、高め合う存在として、両輪となって相乗効果を発揮していくことが必要」だとして、一体的・効果的な推進（以下「一体的推進」）を図るよう促し、学校運営協議会の設置を教育委員会の努力義務とするよう提言したのである。答申では、従来の学校地域本部を地域学校協働本部に改めたところに、地域（地方）創生に果たす地域本部とコミュニティ・スクールの役割を強く期待する姿勢が見出される。

（4）法改正とその後

　その後、同答申を受けた大臣は地教行法一部改正に向けた作業を進め、改正法案を作成するが、2017（平成29）年2月から3月にかけて国会は森友学園問題などで空転したため、しばらく可決に至らなかった。そして、年度末ぎりぎりの3月31日にようやく改正され、翌日4月1日に施行されることになった。

3）「新しい時代の教育や地方創生の実現に向けた学校と地域の連携・協働の在り方について（諮問）（2015年4月14日）
4）中央教育審議会「新しい時代の教育や地方創生の実現に向けた学校と地域の連携・協働の在り方と今後の推進方策について（答申）（2015年12月21日）

法改正の影響もあって、翌年の 2018（平成 30）年 4 月 1 日現在では全国にコミュニティ・スクール指定校は 5,324 校に急増した。

　また、法改正によって、小中一貫教育を想定し、複数校をまとめ学校運営協議会を設置することも可能になり、学校運営協議会の協議結果の情報提供の努力義務化も盛り込まれ、さらに地域学校協働推進員を設置するところでは学校運営協議会委員に加えることが定められたのである。

　その後、教育再生実行会議は「これまでの提言の実施状況について（報告）」（2018（平成 30）年 5 月 31 日）をまとめ、以下の提言を行った。

　　「全公立学校における学校運営協議会の設置（コミュニティ・
　　スクールの導入）が努力義務化されたことや、地域学校協働活
　　動に関する連携協力体制の整備等について規定が整備されたこ
　　となどを踏まえ、コミュニティ・スクールの導入をより一層推
　　進するとともに、地域学校協働活動を全国的に推進すること。」

　さらに、「家庭、地域の教育力の向上」のために、「コミュニティ・スクールの導入促進等」を掲げて、以下の文言も加えている。

　　「○国、地方公共団体は、全国的に学校と地域との組織的・継
　　続的な連携・協働体制を確立するため、関連法令改正の趣旨を
　　踏まえ、コミュニティ・スクールの導入をより一層促進すると
　　ともに、地域学校協働活動との一体的な取組を推進する。」「全
　　ての公立学校がコミュニティ・スクールとなることを目指し、
　　未導入地域での体制づくりや CS ディレクターの配置などの支
　　援の充実を図ること。」

　これはコミュニティ・スクール導入の努力義務から必置への流れを

つくるよう提言したと言ってよい。さらに、同会議は、「第十一次提言中間報告」（2019（平成31）年1月18日）の中では高等学校に関しても、「コミュニティ・スクール（学校運営協議会制度）の導入と地域学校協働活動の実施を推進する」と述べているが、この背景には神奈川県や熊本県、大阪府などで公立高等学校のコミュニティ・スクール導入が急激に進んだ事実があるものと推察できる。

2 ｜ 法改正後の学校運営協議会をめぐる変化

　地教行法改正によって、学校運営協議会に関する性格や役割等が改められた。ここでは、以下の7点について取り上げておこう。

（1）コミュニティ・スクール導入の努力義務化

　努力義務化は、あくまでも教育委員会に対する事項であって、学校が学校運営協議会を設置することを求める訳ではない。改正後の地教行法第47条6の1は「教育委員会は、教育委員会規則で定めるところにより、その所管に属する学校ごとに、当該学校の運営及び当該運営への必要な支援に関して協議する機関として、学校運営協議会を置くように努めなければならない」と定めている。その場合、従来は所管校のうちの「指定する学校」に学校運営協議会を置くことができるとされていたが、法改正によって「所管に属する学校ごと」に学校運営協議会を設置するよう努めることと改められたことから、「指定校」の文言は「対象校」に置き換えられたのである。要は、教育委員会は、公立の幼稚園から高等学校・特別支援学校までのすべてをコミュニティ・スクール化することに努めよということになる。

（2）指定期間の廃止

　前述したように、法改正によって「指定」の文言は削除され、同時に「指定期間」の仕組ではなくなったのである。従来運営に著しい問題

が発生した場合には、指定を取り消すものとされていたが、法改正後に示された文部科学省の「解説」[5] は、「指定の取消しに代え、協議会の運営が適正を欠くような場合には、設置者である教育委員会がその適正な運営を確保するために必要な措置を講じなければならない」と述べ、具体的には、委員の入れ替えや学校運営協議会の運営の一時的停止などが考えられるとしている。

　なお、あくまでも努力義務なので、自由来通りに指定校や指定期間を設定するとも不可能ではない。

（3）複数校まとめた学校運営協議会の設置

　また、これまで単位学校に学校運営協議会を設置するものとされていたが、法改正によって、複数校をまとめて学校運営協議会を置くことができるようになった。地教行法第 47 条 6 には、努力義務の文言の後に、「ただし、二以上の学校の運営に関し相互に密接な連携を図る必要がある場合として文部科学省令で定める場合には、二以上の学校について一の学校運営協議会を置くことができる」と定めた。その場合とは、以下の通りである [6]。

　①小中一貫教育校
　②中高一貫教育校
　③同一教育委員会所管の小学校児童の多数が進学する中学校と相互連携を密にし、地域の特色を生かした教育活動を行う場合、その密接な連携を図る場合

---

5) 「地方教育行政の組織及び運営に関する法律」（第 47 条の 6）条文解説
　http://www.mext.go.jp/a_menu/shotou/community/suishin/detail/1313081.htm
6) 平二十九年文部科学省令第二十三号 地方教育行政の組織及び運営に関する法律第四十七条の六第一項ただし書に規定する二以上の学校の運営に関し相互に密接な連携を図る必要がある場合を定める省令。

　これまで小中一貫教育を進める自治体の教育委員会の所管校では、各校に学校運営協議会を設置すると共に、小中をまとめる別組織（例えば、コミュニティ・スクール委員会）を設置し、二段重ねにしていた例が各地に見られたが、法改正によって、小中まとめて一つの学校運営協議会を設置し、二段重ねを解消することができるようになった。ただし、各校で固有の教育課題を協議する必要性を認識している地域もあるので、複数校まとめて学校運営協議会を設置するか否かは地域の実情に応じて判断すればよいことになる。

（4）学校支援に関する協議

　さらに、学校運営協議会の役割に、「学校運営への必要な支援に関する協議」が加えられた。改正前には、学校支援に関わる文言はなかったが、これら活動が全国的に浸透し、コミュニティ・スクールの実質的な役割の一つになってきている実態を反映させたものと解せられる。文部科学省の「解説」[7]では、「協議会は、学校運営の現状や児童生徒が抱える課題等を把握する立場にあり、そうした課題を解決するための地域住民等による支援の方法や内容について、協議会が併せて協議を行うことが効果的であると考えられます」と述べている。

　「学校支援」に関しては、「社会に開かれた教育課程」の視点と同時に、学校における働き方改革の視点からもその重要性が認識されるようになった。2019（平成31）年1月に公表された中央教育審議会答申[8]は、教職員の働き方改革の視点から学校が担ってきた業務を仕分けし、そのうち「基本的には学校以外が担うべき業務」「学校の業務だ

7）「地方教育行政の組織及び運営に関する法律」（第47条の6）条文解説
　http://www.mext.go.jp/a_menu/shotou/community/suishin/
　detail/1313081.htm
8）中央教育審議会「新しい時代の教育に向けた持続可能な学校指導・運営体制の
　構築のための学校における働き方改革に関する総合的な方策について（答申）
　（2019年1月25日）

が、必ずしも教師が担う必要のない業務」の中のいくつかの業務については地域ボランティアの協力を得ることの可能性を記している。簡潔に言えば、教員業務軽減のために地域ボランティアを活用しようと言うのである。そこで、学校と地域の連携・協働を推進するための、コミュニティ・スクール（学校運営協議会制度）の導入や地域学校協働活動の推進を提言しているのである。

　ただし、学校支援活動は、単なる学校の業務負担軽減策にとどめるべきでなく、あくまでも教育を豊かにし、子どもを地域と共に育むという視点で取り組まれるべきであろう。社会教育事業である「学校支援地域本部」が「地域学校協働本部」に発展し、学校支援活動も包括した地域学校協働活動が誕生したのは、学校支援活動が学校の下請けにならないよう配慮したものと解されるのである。

(5)「任用」意見等申し出の弾力化

　改正後の当該条文には、「学校運営協議会は、対象学校の職員の採用その他の任用に関して教育委員会規則で定める事項について、当該職員の任命権者に対して意見を述べることができる」とされ、「教育委員会規則で定める事項について」という文言が挿入された。この文言の挿入によって、任用意見の範囲等は学校の特色や地域の実情等を踏まえて教育委員会規則で定められることになる。筆者の教育委員会設置規則の分析によれば、法改正以前にも「任用意見申出」に関する規程を欠く例が散見され、また意見申し出に際して校長の事前意見聴取を義務づける例も珍しくなかったことから、法改正がむしろ教育委員会規則の実態に合わせて、CS 化の努力義務を後押しした形になる。

(6) 関係者に対する理解喚起と情報提供

　そして、学校運営協議会は、地域住民や児童生徒幼児とその保護者その他の関係者に対して、学校の運営や運営支援に関する理解を深めるよう働きかけ、これら協議の結果等の情報を積極的に提供するよう努め

るものとされた。従来、学校運営協議会は委員や管理職による密室的な会議だという印象を与えていたこともあったが、今後は広く協議結果や活動の成果等を関係者に周知し、地域に開かれた学校の取り組みの理解を深めるよう求められるのである。なお、ここで注目すべきは、理解や情報提供の対象に、最も重要なステイク・ホルダー（利害関係者）である児童生徒幼児の保護者が含まれていることである。具体的には、学校運営協議会委員を保護者や地域住民に紹介したり、「たより」に学校運営協議会の活動を載せたりすることが必要になるだろう。

（7）学校運営協議会委員選出母体の追加

　学校運営協議会委員の選出母体については、社会教育法に規定する「地域学校協働活動推進員その他の対象学校の運営に資する活動を行う者」が加えられた。地域学校協働推進員は必置ではないが、これを設置する場合には委員に加えることが必要になる。地域学校協働推進員とは、「地域学校協働活動に関する事項につき、教育委員会の施策に協力して、地域住民等と学校との間の情報の共有を図るとともに、地域学校協働活動を行う地域住民等に対する助言その他の援助を行う」者である（社会教育法第9条7の2）。推進員は教育委員会によって委嘱される任意設置の制度である。

　その地域学校協働活動とは、以下の取り組みを地域住民等と学校が協働して行うものである（社会教育法第5条2）。

- ・児童及び学齢生徒に対し、学校の授業の終了後や休業日に学校・社会教育施設等の施設で行う学習やその他の活動の機会を提供する事業の実施やその奨励（放課後子ども教室など）。
- ・青少年に対してボランティア活動など社会奉仕体験活動、自然体験活動その他の体験活動の機会を提供する事業の実施及びその奨励。
- ・学校、社会教育施設や地域で行う教育活動やその他の活動の機会を提供する事業の実施及びその奨励（学校支援はここに含まれると考えられる）。

社会教育法改正以前には、中教審答申（平成27（2015）年）は地域学校協働活動を、「『支援』から『連携・協働』、個別の活動から総合化・ネットワーク化を目指し、地域と学校が連携・協働して、地域全体で未来を担う子供たちの成長を支えていくそれぞれの活動を合わせ」た総称だと定義した。具体的には、「答申」の付帯資料にある「ポイント」図解に、学校支援活動、土曜日の教育活動、放課後子供教室、家庭教育支援活動、地域社会における地域活動、学びによるまちづくりなどが例示されている。

　ともあれ、地域学校協働活動は学校支援にその他地域等に係る活動を加えたものだと言ってよい。

3 コミュニティ・スクールと地域学校協働本部の関係性

　それでは、コミュニティ・スクールとして地域学校協働本部とどのような関係にあったらよいだろうか。ここでは、筆者らの全国調査で取り上げた学校支援地域本部の場合について、その有効性を検証し、地域学校協働本部の在り方を占ってみることにしよう。

(1) 学校支援地域本部（地域学校協働本部）の誕生

　コミュニティ・スクールが誕生した2004（平成16）年から3年を経た2007（平成19）年に、学校支援地域本部（以下「地域本部」）事業の実施が提案され、翌2008年度から文科省の社会教育事業としてスタートした。財務省が作成した2008（平成20）年12月20日付の2008年度予算原案では地域本部事業など約1,800カ所等に対して50億円が計上されていた。

　その後、前述した2015（平成27）年中教審答申は地域本部の発展形として協働本部の設置を促したが、中教審生涯学習分科会の「学校地域協働部会」は、当初、「学校協働地域本部（仮称）」という名称で議論

を重ねていき、その過程で「学校地域協働本部」案が出され、結局は「地域学校協働本部」に落ち着くのであった。その主なねらいは、前述したように学校支援以外にも活動の枠組を拡充しようとするところにある。当時の文科省社会教育課長は、「現在の学校支援地域本部というのが、『支援』という言葉が少し、ようするに学校をお手伝いするということにやや重きが置かれやしないか。そこを、いや、そうではなく、正に学校と地域が『協働』していくための本部であるというメッセージを伝えるため」だと、名称変更の理由を述べている（生涯学習分科会第8回議事録、2015年10月5日）。地域本部が社会教育事業であるということが改めて強調されたわけである。

（2）コミュニティ・スクールにおける地域学校協働活動の在り方

　それでは、どのような形でその一体的推進を図ればよいのだろうか。前出の中教審答申は、両者の一体的推進に関して以下のように述べる。

> 「地域とともにある学校に転換するための仕組みとしてのコミュニティ・スクールと、社会教育の体制としての地域学校協働本部が円滑に連結し、両者の機能を一体的・効果的に高めるための方策としては、それぞれの活動の企画等の段階から、双方の運営方針や取組計画等を共有したり、互いの取組の充実を目指し、重複を避けるため提案をしたりするなど、普段からしっかりと関係者間でコミュニケーションや情報共有を行うことが有効である。」

　ここでは両者の「連結」やコミュニケーション、情報共有が有効だと述べているが、「連結」すなわち関係付けの形態には触れていない。そこでコミュニティ・スクールの実態を踏まえると、協議会と地域本部等（以下「地域本部」）の関係付けは以下のように類型化できる。

①地域本部等を協議会の下部・実働組織に位置付けているタイプ
　（結合型）

②協議会と地域本部等を連携させているタイプ（連携型）

③両者の関係付けがなされていないタイプ（分立型）

　筆者らの全国調査によると、支援本部等を設置するコミュニティ・スクールは41.0％（594校）であり、このうち、①「結合型」34.1％、②「連携型」56.3％、③「分立型」9.6％となり、②「連携型」が半数を上回った。

（3）地域本部（協働本部）の有無とコミュニティ・スクールの成果

　実際に支援本部を設置するコミュニティ・スクールは設置のない学校よりも成果を上げているのだろうか。前出のコミュニティ・スクールの全国調査（2015年調査）のデータ分析からその点を探ってみよう。

　調査では、地域本部（協働本部が提言される前に調査を実施）の設置の有無別に校長の「コミュニティ・スクールとしての成果認識」（以下「CS成果認識」）[9]を問うた。そこで、CS成果認識に関する24項目の回答を「とても当てはまる4点－3点－2点－まったく当てはまらない1点」という形に数量化し（full score96点）、これを「CS成果認識［低群］」（〜60点）、「CS成果認識［中群］」（60.5〜68点）、「CS成果認識［高群］」（68.5点〜）の3カテゴリーに分類した。これら3カテゴリーの比率を地域本部の有無等別に表したのが図1である。図中の「CS成果認識［高群］」の数値に注目すると、「文部科学省事業の本部を設置」40.9％（全体差 +9.1）、「文部科学省事業以外の仕組を設置」

---

9) CS成果認識は、「特色ある学校づくりが進んだ」「児童生徒の学力が向上した」「保護者が協力的になった」など学校改善や地域連携体制の充実に関する項目から成る（コミュニティ・スクール研究会　2016:49-53）。学校支援成果認識は、「学校ニーズに的確に対応した支援を受けることができたか」「人材を確保しやすくなったか」などの項目から成る（同前:30）。

図1　地域本部有無別の CS 成果認識

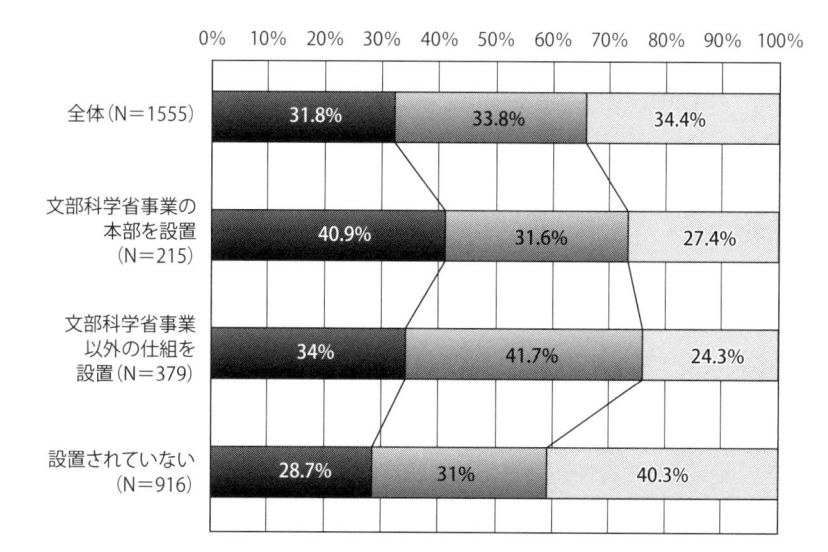

34.0％（同 +2.2）、「設置されていない」28.7％（同 -3.1）となり、学校支援の体制が整っている学校ほど数値が高く（文科省事業を最も整ったものと位置付けた場合）、その意味で支援本部は有効性が高いと解される。学校支援活動など派生活動までも組織的に展開しているコミュニティ・スクールの方が高い成果を上げていることになる。ここに協議会と地域本部の一体的推進を中教審答申が提言した根拠があると言ってよい。

　なお、データ等はないが、学校支援活動等の派生活動を積極的に展開している学校ほど校長の CS 成果認識や満足度が高いことから、「設置されていない」場合、その設置を欠くために学校支援活動などの派生活動に消極的であり、結果として CS 成果認識が低い傾向にあると解されるのである。

（4）学校支援地域本部の設置形態から見た CS 成果認識

　次に、地域本部等設置校における協議会との関係付けの在り方による CS 成果認識の違いを分析してみた。図 2 の CS 成果認識 3 カテゴリーの比率を「結合型」「連携型」「分立型」別に見ると（10 校は未回答）、「CS 成果認識［高群］」の数値は、「結合型」30.6 ％（全体差 -6.2）、「連携型」42.4 ％（同 +5.6）、「分立型」25.5 ％（同 -11.3）となり、「連携型」が最も高い数値を示し（残差分析結果　**p<.01）、以下、「結合型」「分立型」の順になる。当初、「結合型」が最も高い数値を示すものと予想したが、「連携型」に次ぐ結果となり、また「分立型」が最低値を見せたのは予想通りであった。

　協議会と地域本部が分立してそれぞれ独自に活動するよりも、一定の関係付けがある方が成果認識の高さという意味で有効だと言える。特

図 2　地域本部の設置形態別 × 成果認識スコア群

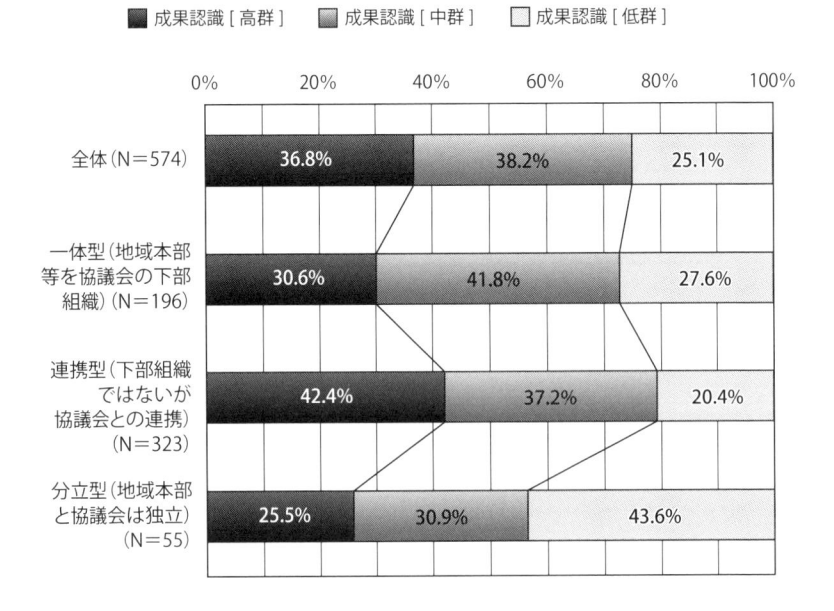

に、両者が対等な関係で連携している「連携型」の方が「結合型」よりも成果認識が高い。この意味で、中教審答申で言う両者の一体的推進や「連結」は、「結合型」よりも、情報共有などの形で連携する「連携型」が望まれるであろう。

（5）地域創生を促す教育経営上の課題

　以上の結果から教育経営的にはどのような示唆が得られるだろうか。

　第1に、地域本部などの仕組みを設置するコミュニティ・スクールは校長の成果認識（CS及び学校支援の成果認識）を強化することが推量できる。協議のみならず、学校支援活動等にまで活動が拡充し、協議結果がこれら活動を具現化されるからだと考えられる。

　第2に、協議会と地域本部が分立して独自に活動するよりも、何らかの形で関係づく方が高い成果につながる可能性がある。特に、「結合型」よりも両者が一定の距離を保ちつつ連携する「連携型」の方がより高い相乗効果をもたらすことが推量できる。

　以上から、協議会と協働本部の一体的推進は、校長の成果認識という点では前者が後者に対して一定の距離を保って関わる「連携型」が最も優れ、具体的には前者が「方針」作成に関わる連携方法が有効だと考えられる。換言すれば、協議会が協働本部と隔絶されていたり、反対に協議会が協働本部を抱え込んでいたりすると、成果が弱まる可能性がある。その中間的な関わり方、すなわち「一定の距離を保った連携」による教育経営が期待され、また地域創生に大きく寄与することが考えられるのである。

第3部

コミュニティ・スクール Q&A

基本編	コミュニティ・スクールをめぐる基本的な疑問に、データを用いながら答えています。
委員編	学校運営協議会の委員の実態や疑問を、データを用いて解説しています。
運営編	学校運営協議会の組織や運営の実態を明らかにしています。
準備編	これからコミュニティ・スクールの指定を受けようとする学校やそれを導入しようとしている教育委員会が行うべきことを述べています。

　この第3部で扱っている調査データの出所は以下のとおりです。

【2015年調査】

　コミュニティ・スクール研究会（代表：佐藤晴雄）『平成27年度文部科学省委託調査研究　総合マネジメント力強化に向けたコミュニティ・スクールの在り方に関する調査研究報告書』（日本大学文理学部、2016年3月）

　なお、2015年調査のデータは図表に特に明記していない。

【2013年調査】

　コミュニティ・スクール研究会（代表：佐藤晴雄）『平成25年度文部科学省委託調査研究　コミュニティ・スクール指定の促進要因と阻害要因に関する調査研究報告書』（日本大学文理学部、2014年3月）

　なお、学校運営協議会設置規則に関するデータの一部については、本書第2部で取り上げた数値と異なっているが、ここでは2015年に収集した規則の分析結果を加えてあるためである。

基本編

Q 1 コミュニティ・スクールの義務化のゆくえ

> 教育再生実行会議はコミュニティ・スクール設置の義務化の検討を提言しましたが、コミュニティ・スクールの導入は義務化されるのでしょうか。

A 現段階では義務化されているわけではありません。ただ、教育再生実行会議の提言（2015（平成27）年3月）は、「全ての学校において地域住民や保護者等が学校運営に参画するコミュニティ・スクール化を図り、地域との連携・協働体制を構築し、学校を核とした地域づくり（スクール・コミュニティ）への発展を目指すことが重要」だと述べたところです。そして、「コミュニティ・スクールの仕組みの必置について検討を進める」よう求めました。

その後、文部科学大臣が中央教育審議会（以下、「中教審」という）に対して、コミュニティ・スクール義務化を検討するよう諮問した結果、中教審は2015（平成27）12月に答申「新しい時代の教育や地方創生の実現に向けた学校と地域の連携・協働の在り方と今後の推進方策について」を大臣に提出しました。答申は、「今後、各地方公共団体は、全ての学校がコミュニティ・スクールとなることを目指し、一層の拡大・充実が必要との認識に立って、積極的な姿勢で取組を推進していくことが求められる」と提言しました。これはコミュニティ・スクール導入の努力義務化の提言だと解してよいでしょう。

この答申を受けて、平成29（2017）年3月に地教行法が一部改正されて（4月1日施行）、教育委員に対して学校運営協議会を所管学校に設置するよう努力義務づけたのです。このことを考慮すれば、いずれは、例外を除いて、コミュニティ・スクールが義務化されると考えるのは無理ではありません。

Q2 学校評議員との関係

学校評議員が設置されていますが、学校運営協議会を新たに設置することになりました。両者の関係をどう調整すればよいのでしょうか。

A 2015年調査によると、コミュニティ・スクールの76.4％が学校運営協議会設置に伴い、学校評議員等を廃止または停止したと回答しています（図1）。両者は構造（合議体か否か）と権限等の点において異なりますが、学校運営協議会を優先させて、屋上屋を架すことのないよう配慮した結果だと思います。

また、学校評議員から学校運営協議会に移行した際には、50％の学校が学校評議員を学校運営協議会委員としながらも、新たな委員を加えています（図2）。学校評議員の一部だけを学校運営協議会委員に移行したところも、28.2％と珍しくありません。そして、学校評議員を廃止した場合の方が校長の満足感が高いという調査結果も得られました。これらのことから、学校評議員を廃止し、学校運営協議会委員に何らかの方法で移行するのがよいといえそうです。

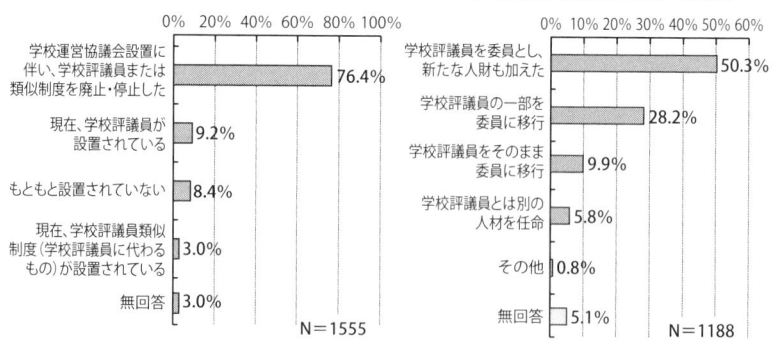

図1　学校評議員の設置状況

0% 20% 40% 60% 80% 100%

- 学校運営協議会設置に伴い、学校評議員または類似制度を廃止・停止した　**76.4%**
- 現在、学校評議員が設置されている　**9.2%**
- もともと設置されていない　**8.4%**
- 現在、学校評議員類似制度（学校評議員に代わるもの）が設置されている　**3.0%**
- 無回答　**3.0%**

N＝1555

図2　学校評議員と学校運営協議会委員の関係

0% 10% 20% 30% 40% 50% 60%

- 学校評議員を委員とし、新たな人財も加えた　**50.3%**
- 学校評議員の一部を委員に移行　**28.2%**
- 学校評議員をそのまま委員に移行　**9.9%**
- 学校評議員とは別の人材を任命　**5.8%**
- その他　**0.8%**
- 無回答　**5.1%**

N＝1188

基本編 Q3　学校支援地域本部との関係

> 学校運営協議会と学校支援地域本部との関係をどう捉えたらよいで
> しょうか。また、両者をどのように連携させているのでしょうか。

A 2015（平成27）年12月に公表された中教審答申が、学校支援地域本部を発展させた「地域学校協働本部」と学校運営協議会との一体的かつ効果的な機能の発揮のための方策を工夫するよう提言したように、学校支援組織と学校運営協議会との結びつきが期待されています。学校運営協議会は学校や教育委員会に意見申し出を行う仕組みであり、学校支援組織は学校を支援する実働の仕組みである点で、性質を異にしています。

　2015年調査によると、学校支援地域本部等を設置しているコミュニティ・スクールでは、地域本部を「下部組織ではないが、学校運営協議会と連携させている」ところが54.4％と過半数を上回り、「学校運営協議会の下部組織に位置づけている」ところは33％でした（図3）。これらを合わせた約87％が、両者を関係づけていることがわかります。こうした実態を踏まえて、前記中教審答申は両者の一体的・効果的な運用を期待したわけです。

図3　学校支援地域本部と学校運営協議会の関係づけ

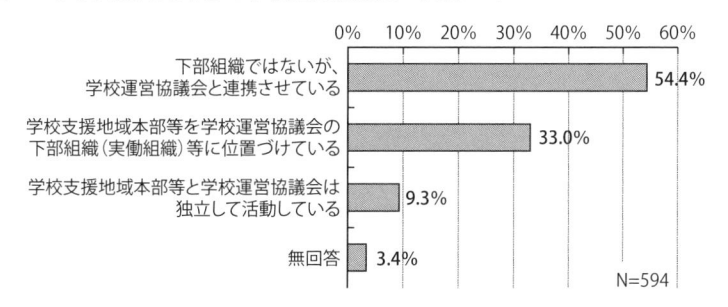

177

Q 4 学校選択制との関係

コミュニティ・スクールは校区など地域との関係を土台にしているので、学校選択制とは共存しにくいともいわれています。両者の実態はどうなっているのでしょうか。

A 確かに、コミュニティ・スクールは校区を中心とする地域社会に根づく仕組みです。したがって、校区の範域を超える学校選択制とは相容れないのではないかという疑問もあります。

そこで、2013 年調査から両者の関係の実態を見ると、コミュニティ・スクールを導入しつつ選択制を実施している教育委員会は 17.0％に過ぎませんが、「実施されていない」が 81.9％になります（図4）。また、「過去に実施されていた」は 1.1％ですが、その後廃止した所は珍しくありません。これらの数値は回答のあった教育委員会に限定されますが、現時点ではコミュニティ・スクールと選択制の共存例は少ないということになります。検討中の場合も、特例校など一部学校で実施するケースが含まれるようです。

これらの実態からは、両者の共存は難しいといえるかもしれません。

図 4　学校選択制の実施状況
－ コミュニティ・スクール所管教育委員会の回答 (2013 年調査) －

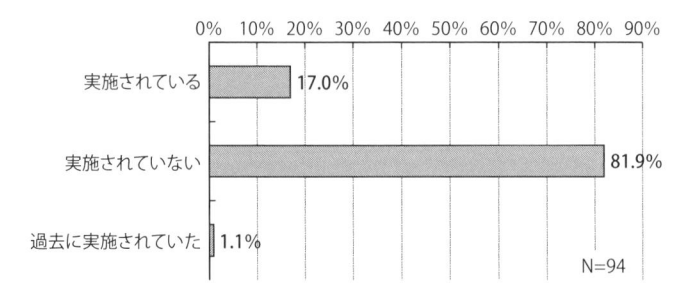

基本編

Q5 小中一貫教育との関係

一部のコミュニティ・スクールでは、小中一貫教育と組み合わせて運用していますが、全国的な実態はどうなのでしょうか。

A 小中一貫教育によるコミュニティ・スクールは、東京都三鷹市や岡山県岡山市などで古くから取り組まれています。小規模自治体の例としては、福島県大玉村があります。近年、そのほかの自治体でもコミュニティ・スクールと小中一貫教育を効果的に共存させる例が増えつつあります。

全国的な実態を2013年調査から見ると、コミュニティ・スクール所管教育委員会のうち一貫教育（連携を含む）について、「実施されている」58.7％、「実施を検討中」13.0％、「実施されていない」27.2％となり、実施の教育委員会が6割近くを占めます（図5）。

数字の偏りがあるため、正確な分析にはなりませんが、自治体規模別に見ると、市区62.5％（45団体）、町村33.3％（9団体）という結果になり、どちらかといえば規模の大きい自治体で一貫教育との共存が実施されている割合が高いようです。

図5 小中一貫・連携教育委員会の実施状況
－コミュニティ・スクール所管教育委員会の回答（2013年調査）－

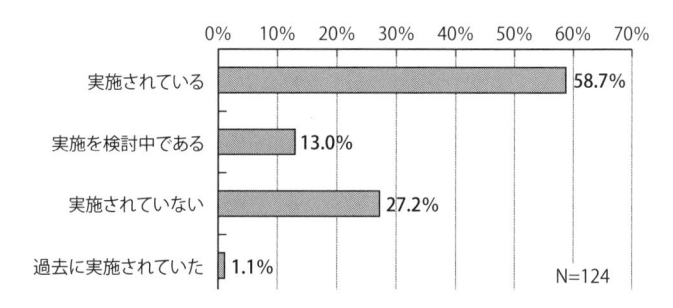

Q6 複数校まとめた学校運営協議会の設置

> 小中一貫教育校などの場合、各校に学校運営協議会を置かずに、小・中学校をまとめた形で一つの学校運営協議会とすることは可能でしょうか。

 　2017（平成29）年3月の地教行法一部改正により、複数校まとめた形の学校運営協議会を設置することが可能になりました。

　ただ、単位学校に設置した場合でも、複数校で合同の関係会議を開催して、小中一貫教育の協議を進めている例は珍しくありません。例えば、ある市では、中学校区に小学校2校が配置されていますが（一地域のみ3小学校）、各学校固有の課題について学校運営協議会で協議し、一貫教育など各校共通の課題については3校合同の「コミュニティ・スクール委員会」で協議しています。各学校の学校運営協議会委員全員はそのままコミュニティ・スクール委員会の委員に任命されるので、コミュニティ・スクール委員会は3校分の規模になります。

　なお、2015年調査によると、「単位学校でなく、複数校まとめて設置できるようにすることが望ましい」と回答した校長は、コミュニティ・スクール指定校32.6%、未指定校33.0%となり、両者ともに3分1程度にとどまりました（図6）。これに、「校長一人配置の小中一貫教育校に限って、複数校まとめて設置できるようにすることが望ましい」の回答を加えると、6割程度になります。

　これに対して、「現行通りに、単位学校に設置することが望ましい」と回答したのは、指定校31.7%、未指定校30.9%となり、ともに約3割になります。その理由について調査では取り上げていませんが、実際の学校運営協議会の関係者から話を聞くと、各校には具体的な課題があること、また学校運営協議会の規模が大きくなると委員に当事者意識が弱まり、委員の発言が停滞することなどの理由があるようです。そのほ

か、会議開催校を地理的な条件から特定校に決めると、その学校の会議負担が重くなるという問題もあります。

図6　学校運営協議会を複数まとめて設置すること

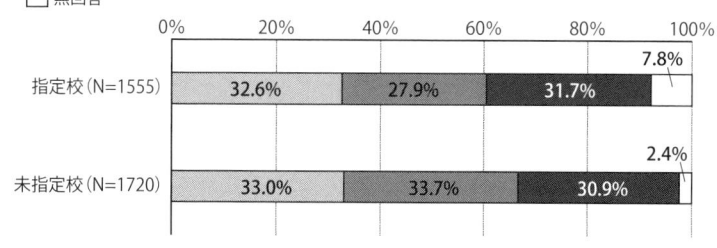

なお、法改正に伴い、「地方教育行政の組織及び運営に関する法律第四十七条の六第一項ただし書に規定する二以上の学校の運営に関し相互に密接な連携を図る必要がある場合を定める省令」が発せられ、以下の場合には複数校まとめた学校運営協議会を設置することができるものとされました。

①同一の教育委員会の所管に属する小学校及び中学校において、(中略)小学校における教育と中学校における教育を一貫して施す場合

②同一の教育委員会の所管に属する中学校及び高等学校において、学校教育法（中略）の規定により中学校における教育と高等学校における教育を一貫して施す場合

③同一の教育委員会の所管に属する小学校及び当該小学校に在籍する児童のうち多数の者が進学する中学校において、これらの学校が相互に密接に連携し、その所在する地域の特色を生かした教育活動を行う場合その他教育委員会においてその所管に属する二以上の学校の運営に関し相互に密接な連携を図る必要があると認めた場合

Q7 教職員の任用意見規程の扱い

学校運営協議会の権限の中に、「教職員の任用等に関する意見申出権」がありますが、学校運営協議会設置規則には「任用意見」に関する規程を盛り込まないこともできるでしょうか。

図7 学校運営協議会規則「任用意見」規定の有無（N=237）

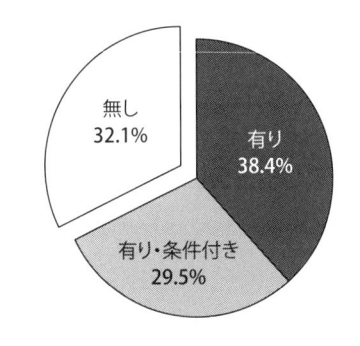

A 本来ならば、学校運営協議会の3つの権限をすべて学校運営協議会設置規則中に規定することになります。しかし、全国の教育委員会の学校運営協議会設置規則のうち、「任用意見」を規定していない例は約32％で、また「校長への事前意見聴取」などを条件づけた例は約30％あります（図7）。近年、「任用意見」規程を盛り込まない規則は増えています（2013年調査では「任用意見」規程なしの割合は24.2％）。

　厳密にいえば、「任用意見」規程がないということは趣旨に沿うことになりません。ただし、たとえその規程がない場合でも、学校運営協議会が地方教育行政の組織及び運営に関する法律（以下、「地教行法」という）に基づいて設置されている以上、「任用意見」の申し出は可能になります。つまり、地教行法で「任用意見」申し出権限を明記しているので、この法律に基づいてコミュニティ・スクールを導入したわけですから、当然、その権限を学校運営協議会に保有させることになります。ちなみに、法に基づかないコミュニティ・スクールもいくつかの自治体に存在します。例えば、福井県の福井型コミュニティ・スクールはその

例になり、地域・学校協議会には「任用意見」規程を欠いていますが、地教行法による仕組みではないので、協議会は任用に関する意見申し出を権限として保障されていることになりません。

前述した中教審答申が「教職員の任用に関する意見に関しては、柔軟な運用を確保する仕組みを検討」することについて触れたのは、条件付きの例（下記参照）やその規程を欠く例などを想定したと解してよいでしょう。

なお、「任用意見」規程がない規則を適用した学校でも、意見申し出がなされた例は実際にあり、またそれら意見によって人事が混乱した例はほとんどありません。また、「任用意見」規程の有無にかかわらず、教職員の資質の向上や教職員定数増などが、学校運営協議会の議題にあげられる例も珍しくありません。

条件付き任用意見規程の例

第●条　協議会は，設置校の運営に関する事項について，教育委員会又は校長に対して，意見を述べることができる。

2 協議会は，別に定めるところにより，設置校の職員の採用その他の任用に関する事項について，教育委員会に対して意見を述べることができる。

3 協議会は，前2項の規定により教育委員会に対して意見を述べるときは，あらかじめ，校長の意見を聴取するものとする。

Q 8 委員の身分と守秘義務

学校運営協議会委員の身分はどうなるのでしょうか。また、委員に守秘義務を課すことはできるのでしょうか。

A 学校運営協議会委員は、特別職の地方公務員に位置づけられます。地方公務員法第３条の「二　法令又は条例、地方公共団体の規則若しくは地方公共団体の機関の定める規程により設けられた委員及び委員会（審議会その他これに準ずるものを含む。）の構成員の職で臨時又は非常勤のもの」に該当します。

ただし、特別職は一般職と異なり、法律上は守秘義務に関する規定が適用されません。地方公務員法第４条は、地方公務員法の規定が特別な法の定めがある場合を除いて、特別職には適用しないことと定めているからです。

しかしながら、学校運営協議会では児童生徒や教職員の個人情報が取り上げられたり、学校運営の内部情報が協議対象になったりすることがあるので、委員に守秘義務を課すことが必要になってきます。そこで、特別職に関しては条例や規則で守秘義務規程を設けることができます。むしろ、その規程を設けることが不可欠だといえます。

三鷹市の例をあげると、設置規則中に、「第６条　委員は、職務上知り得た秘密を漏らしてはならない。その職を退いた後も、同様とする」という条文が盛り込まれています。

このように、設置規則に委員の守秘義務規程を明文化しておかなければならないのです。そのほか、営利・宗教・政治的な行動を制約する規程を設けることも必要です。

委員編 Q9 学校運営協議会委員の定数

学校運営協議会の委員定数を決めたいのですが、何人くらいが適切なのでしょうか。

A 全国の規則を見ると、委員の平均人数は 14.6 人です。最少 6 人、最高 30 人と、開きが相当あります。2015 年調査の結果によれば、校長のコミュニティ・スクールとしての成果認識が高い学校ほど委員数が多い傾向にあります。

委員数の平均値を分析すると、成果認識が高い「高群」14.0 人、それが中程度の「中群」13.3 人、それが低い「低群」12.8 人となっています。各「群」の人数差は大きくありませんが、多様な意見をくみ取るという観点からは、委員数は多めの方がよいといえると思います。なお、これら数値を見ると、規則上の定数平均値の 14.6 人よりも少なくなりますが、定数未満の人数が任命されたり、また調査対象には規則の平均値よりも少ない自治体の学校が多く回答していたりすることが影響しています。

校区の人口や世帯数、地理的範囲などの環境にもよりますが、概ね 14 人前後は校長の成果認識が高く、平均的な人数になることから、望まれる人数だといえそうです。

また、学校運営協議会の正規の委員に、協力者的位置づけにある委員を独自に任命している学校もあります。

なお、教職員委員の有無と校長の成果認識には、明確な関係が見出されませんでした。

Ｑ10 学校運営協議会委員の選出枠組み

学校運営協議会委員の選出枠組みは、どのような実態なのでしょうか。

A 　最も多いパターンは、保護者・地域住民・校長・教職員・学識経験者・関係行政機関職員（教育委員会職員など）・その他委員という7種の枠組みです。なかには、卒業生などを加えているところもあります。

　地教行法は、地域の住民、保護者、その他教育委員会が必要と認める者という枠組みを示しています。このうち保護者と地域住民は必須の枠組みとされています。「その他」に関しては、文部科学省『「学校運営協議会」設置の手引き－コミュニティ・スクールって、何？』の中で、自治会長・公民館長・PTA副会長・支援本部コーディネーター・卒業生代表・校区内他校校長・指導主事・当該校 校長などが例示されています。制度化間もない頃の『手引き』には大学教授等も記されています。

　自治体によっては公募制を採用している場合もあります。公募制に関しては、校長の推薦対象外になることから、校長は教育員会と十分に連絡を取り合うことが大切になります。

　いずれにしても、多様な関係者から意向をくみ取るという趣旨に照らせば、少なくとも前述した7種程度の選出枠組みが必要だといえましょう。そして、選出枠組みの「代表」をどう捉えるかが、重要な検討課題になります。例えば、地域代表を自治会長だけでなく、副会長とする場合もあるでしょうし、特定の自治会代表に絞らざるを得ない場合もあります。

委員編
Q11 校長が考える学校運営協議会委員の理想像

> 学校運営協議会の委員の在り方が、コミュニティ・スクールの運営にとって重要なカギを握ると思います。それではどのような人材が委員として望ましいのでしょうか。

A 　学校運営協議会の理想的な委員については第2部第3章で述べたところです。繰り返し述べることになりますが、結局、コミュニティ・スクールの校長は、「とにかく会議に出席し、学校をよく理解しながらも、時には批判も口にしてくれる、人生経験のある顔なじみの地域住民で、教員経験のない人」を望んでいることがわかりました。

　ある中学校の学校運営協議会の委員長は自治会長でしたが、この人は学校運営協議会会議には出席するのですが、自治会等の役職を多く兼ねているため、会議以外に学校に来ることは希でした。そのため、学校の事情をよく把握していないのにもかかわらず、学校の教育活動に対して誤解による問題の指摘を繰り返しました。そこで、翌年度には委員長が交代になりました。

　この例のように、組織の「長」の肩書きを複数持つ人は、一つの役職に専念しにくい傾向にあります。したがって、副会長や部会長などの方がよい場合もあります。

　また、学識経験者を大学教員や元校長などに限定せずに、委員経験者でよく活躍してくれた人を再任する形で位置づける方法もあります。ちなみに、最近の大学教員は、教育と研究に関して従来以上の業務量を強いられているので、委員に任命されても、学校が期待するほど会議に出席できないこともあります。

Q12 学校運営協議会委員の任期

学校運営協議会委員の任期はどれくらいがよいのでしょうか。

A 委員の任期の全国平均を示すと、1.3 年になります。年数別に見ると、「1 年」33.7％、「2 年」33.7％、「3 年」3.0％となり、「任命から年度末まで」とする規程は 29.0％あります。結局、事例の多さからいえば、任期は 1 年か 2 年が適当だというところでしょうか。

ほとんどの規則では委員の再任を認めているので、任期が 1 年以内など短い場合でも、再任によって委員経験を積んでもらうことは可能です。反対に、任期が長すぎると、委員の職務負担が大きいことから委員人材の確保に苦労したり、理解の乏しい人材が委員に任命された場合には会議運営に課題を生じたりすることがあります。

また、PTA 会長など選出母体のポストの任期との摺り合わせは、運営上の課題になります。会長職を退いた人を委員として継続させるかどうかという調整を行うことが必要です。

さらに、コミュニティ・スクール指定当初には、一斉に委員が任命されることから、任期が切れた時には全委員を入れ替えるのか、そうでなく一部委員を再任し、その他委員を再任しないかなどの調整が求められます。

いずれにしても、学校と委員との人間関係をマイナスにしないような委員の交代を検討することが、重要な課題になります。

委員編 Q13 学校運営協議会委員報酬の有無

学校運営協議会委員は特別職の公務員に位置づけられることはわかりました。それでは、その報酬規程はどうなっているのでしょうか。

A 図示したように、委員報酬を学校運営協議会設置規則で「無償」にする、あるいは規則に明記しない例が少なくありません。報酬規程をきちんと設け、「有償」としている教育委員会は、約30％にとどまります。委員は特別職の地方公務員に位置づけられますから、本来なら報酬を支払うことが望まれます。

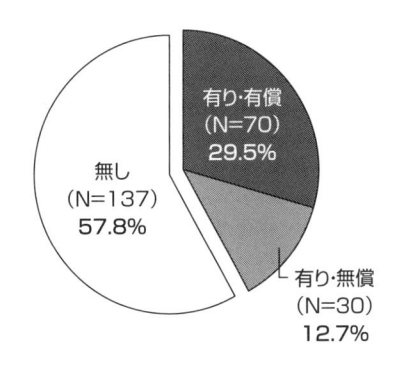

図8　委員報酬規程の有無 (N=237)

ちなみに、委員報酬は会議出席謝金として支払う場合と、出席の有無にかかわらず任期中は月給として支払う場合とがあります。

金額は、会議出席謝金の場合だと、1回1,000円程度から14,000円程度（学識委員や自治体外在住者などの場合）まで、自治体によって大きく異なります。校区外に住む委員や学識経験者を別扱いとして、他の委員よりも高額にしている例もあります。

報酬の有無と金額については、委員依頼段階で候補者に明示しておくことが大切です。

なお、地方自治法第203条の2は、地方公共団体が審議会等の委員に対して報酬を支払わなければならないと定めています。

Q14 会議の開催数

学校運営協議会の会議の開催数はどの程度にしたらよいでしょうか。

A 学校運営協議会の年間会議開催数の全国平均は約5回（4.93回）です。長期休業中を除いて、概ね隔月開催という学校が平均的な姿になります。そのほかの会議の平均開催回数は、臨時委員会0.39回、専門部会4.39回（部会等設置校の場合）になります。専門部会にかかわれば、委員は年9回程度の会議に出席することになります。

表1　学校運営協議会会議開催数（平成26年度）

	平均(回)	回答校数
定例会	4.93回	1547校
臨時会等回数	0.39回	1065校
専門部会等回数	2.18回(部会等設置校の平均4.39回)	1097校

　ただし、前述した平均回数が望ましいというわけではありません。下表は、校長のコミュニティ・スクールとしての成果認識スコアを「高群／中群／低群」の3カテゴリーに分けて、それぞれの定例会開催数平均を算出した結果を表していますが、これを見ると、成果認識が高い学校ほど会議の回数が多い傾向にあることがわかります。カテゴリー間の実数差は小さくなっていますが、群の間には統計的な有意差が見出されました。しかし、回数が10回を超えると校長の満足度は低下しています。

表2　校長の成果認識スコア

校長の成果認識カテゴリー	定例会回数(平均)	回答校数
高　群	5.31回	492校
中　群	5.01回	524校
低　群	4.51回	531校
全　体	4.93回	1547校

　前述の成果認識カテゴリーの「高群」と「中群」には有意差がありませんでしたが、「高群」は「低群」に対して有意に回数が多いことが認められました（統計的には、結果である「成果認識」と条件である「成果認識カテゴリー」の分析方法が逆転していますが、ここでは参考値として提示しています）。

　ただ、成果認識のカテゴリー間の平均値の数値差が極めて小さいことから、あまりしっくりこないので、今度は定例回数の平均値 4.93 回を基準（ここでは 5 以上／未満）に、「平均以上」と「平均未満」に二分割して、それぞれの成果認識スコアを分析してみることにします。その成果認識スコアは成果を表す具体的な 24 項目の回答を 4 点満点で数量化した結果の合計点を表しています（24 項目× 4 点＝ 96 点満点）。

　その結果、成果認識平均値は「平均以上」65.42、「平均未満」は62.91 となり、前者が後者を有意に上回りました（統計的な有意差 **$p<0.01$）。回数の多い方が成果認識は高いことになります。したがって、定例会数は少なくとも平均の 5 回以上開催した方が有効だといえそうです。

表 3　成果認識カテゴリー

定例回数カテゴリー	成果認識平均値	回答校数
平均以上	65.42	702校
平均未満	62.91	845校

図 9　（昨年度、開催された学校運営協議会の会議）定例会回数

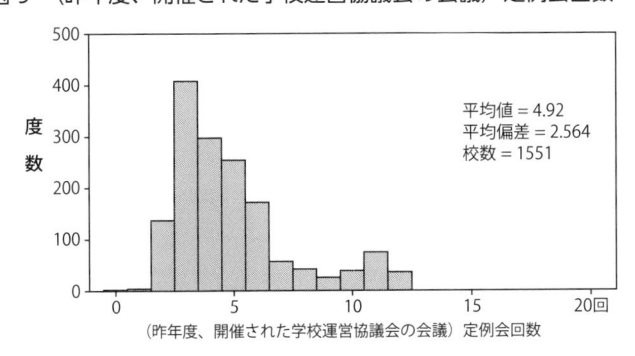

平均値 = 4.92
平均偏差 = 2.564
校数 = 1551

（昨年度、開催された学校運営協議会の会議）定例会回数

Q15 専門部会など実働組織の設置

> 学校運営協議会は協議のための仕組みですが、実際には学校支援活動や学校関係者評価などの活動を担当する実働組織を位置づけている例が多いようです。その実態はどうなっているのでしょう。

 2015年調査によると、コミュニティ・スクール1,555校のうち、実働組織を設置しているところは、約40％になります。

なかには、複数の部会を置く学校も多く、4部会10.2％、5部会以上2.8％という例も見られます。

部会で多いのは、学習支援部会や学校支援部会、そして学校評価部会ですが、近年、家庭教育部会や安全安心部会なども見られるようになりました。

典型的な例をあげれば、「学校支援」「学校評価」「地域活動（健全育成等）」「総務」の4部会な

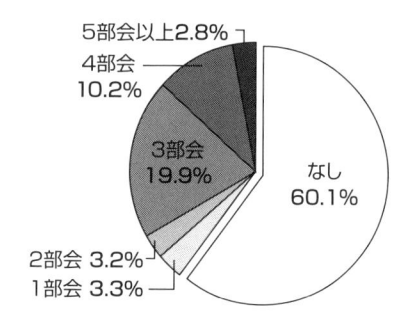

図10 学校運営協議会の実働組織の設置状況 (N=1555)

5部会以上2.8%
4部会 10.2%
3部会 19.9%
2部会 3.2%
1部会 3.3%
なし 60.1%

いしはそのうちの3部会構成となります。部会の会議を定例会とは別に開催しているところが多く、その専門部会の年間平均数は2.2回になります。

また、部会の責任者を学校運営協議会委員に位置づける例が多く、その場合、部会責任者は学校運営協議会の定例会にも出席することになるので、活動時間が確保できる人材を充てることが大切になります。

学校の実情に応じた部会構成の検討が必要です。

運営編 Q16 学校の担当者

> コミュニティ・スクール（学校運営協議会）を担当する校内の担当者には、どのような教職員が多いのでしょうか。

A 2015年の全国調査によれば、校内担当者は多い順に、「教頭・副校長」56.1％（うち単独担当は21.8％）、「主幹教諭」9.5％、「教務主任」8.5％、「校長（園長を含む）」8.4％、「コミュニティ・スクール担当」7.2％、「地域連携担当」6.1％となり、「事務職員」は0.5％に過ぎません。半数以上の学校では「教頭・副校長」が担当している実態にあります。また、主幹教諭や教務主任などと分担しつつも、教頭・副校長はかかわっています。また、「地域連携担当」や「コミュニティ・スクール（CS）担当」など、専任分掌を設置して対応する学校が目立つようになり、またこれらでは単独担当の比率が相対的に高い傾向にあります。2015（平成27）年12月の中教審答申は地域連携担当教員の法的位置づけの明確化を提言したので、今後、この担当がコミュニティ・スクールの運営を専ら担う例が増えると予想されます。

図11　学校の担当者 (N=1555)

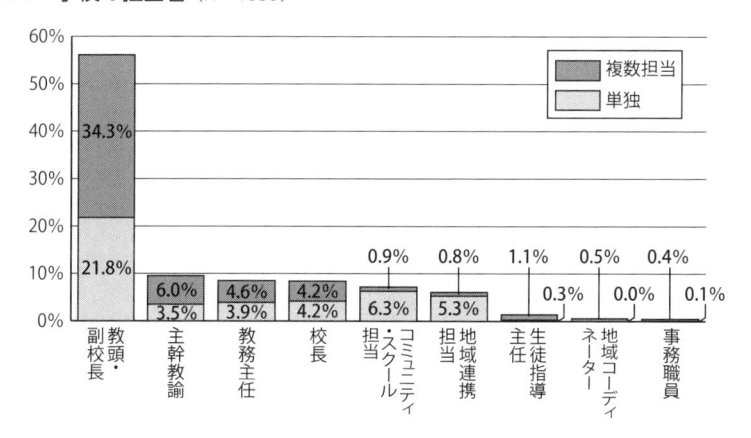

Q17 担当者の役割

> 校内におけるコミュニティ・スクール担当者は、何をすればよいの
> でしょうか。

A 校内のコミュニティ・スクール担当者は、前述したように副校
長・教頭職が最も多くなりますが、その場合でも教務主任や地
域連携担当教員などがかかわる例は少なくありません。

どのような形態で担当するかは別として、担当者は一般的に以下の
ような役割を担います。

(1) 会議日程の調整

会議日程の設定は主要な役割になります。その場合、定例日時を予
め決めておくとよいと思います。学校の予定ばかりでなく、学校運営協
議会委員の属性を踏まえて日程を調整することが大切です。

(2) 議事の設定

学校運営協議会会議で扱う議事を設定することも重要な役割になり
ます。この場合、基本方針の「承認」や任用意見に関する議事のタイミ
ングを考える必要があります。また、言うまでもないことですが、「報
告」と「審議」を区別するとともに、委員が自由に発言できる雰囲気を
つくることも大切です。

(3) 承認等に必要な資料作成

校長が作成した学校の基本方針の「承認」対象事項は各教育委員会
の学校運営協議会設置規則に明記されています。表は2013年時点の
数字ですが、これを見ると、「教育課程」が最も多くの教育委員会規則
(以下、「教委規則」という)で定められ、次いで、「学校予算」「学校経
営計画」が続きます。この3つの事項に「その他必要な事項」を加え
ているところが一般的です。

194

表4　学校運営協議会の「承認」事項別の規定率　－教育委員会数－

	教育目標・基本方針	学校経営計画	教育課程	組織編成	学校予算	施設・設備	その他必要な事項	教委の独自項目	承認事項計	1教委当たり平均数	自治体数
教委数	73	93	130	81	94	76	97	45	693	4.4	157
％	46.5%	59.2%	82.8%	51.6%	59.9%	48.4%	61.8%	24.2%	—	—	100%

その他教委規則に従って、「承認」の手続きを進めることになりますが、そのための資料を作成し、会議で配付しなければなりません。その場合、守秘対象事項が否かを十分検討する必要があります。また、資料が膨大な量になることが多いため、担当者の勤務負担に影響し、またコピー用紙等の消耗品も多く使うことになることに留意する必要があります。

（4）議事録の作成と管理

担当者は議事録の作成と管理を担当します。教頭が担当であった場合には、他の教員（主幹教諭や主任など）が議事録を作成したり、学校運営協議会委員が作成したりすることもあります。効率的な作業を求めるなら、議事録は結果を簡潔に記し、別途会議の発言を録音して保存する方法がよいでしょう。

（5）情報公開・提供

会議の傍聴がある場合には、傍聴者席の準備や資料配付を行います。また会議の協議の様子をHPや「たより」に掲載し、場合によって自治会やPTAの通信に情報を提供します。その際、公開の可否を校長と学校運営協議会代表に諮ります。

（6）その他

委員の研修や学校運営協議会企画による行事の準備や事務職員の担当外の予算執行、関係機関との連絡調整などを担うこともあります。

Q18 学校運営協議会の運営費

学校運営協議会の運営経費はどれくらい必要でしょうか。

A コミュニティ・スクールの運営というよりも、学校運営協議会の運営には、一定の予算が必要になります。会議の回数や委員数、学校規模、活動範囲によって、予算額は大きく異なりますが、一般的に、①会議費、②消耗品費（資料コピー代等）、③委員報酬が必要になります。

このうち委員報酬は、Q13で述べてあります。

①会議費は茶菓代等が中心になり、これに②資料コピー代を合わせると、年間40,000円から80,000円程度を要している例が多いようです。②消耗品費（資料コピー代）の中には、コミュニティ・スクールパンフレットを業者に依頼して作成する費用を含む場合があります。むろん、コピー代を学校予算から捻出しているだけの例も少なくありません。

自治体の中には教育委員会から予算づけがなされる場合もありますが、そうでないところでは、自治会が予算補助を行ったり、学校で行うバザー収益金を充てたりする例が見られます。予算ゼロの例も珍しくありません。

そのほか、学校運営協議会が下部組織などを通じて学校支援活動地域連携活動に取り組んでいる場合には、教材等の消耗品購入費も必要になります。さらに、委員研修等に要する講師謝礼や出張費を計上しているところもあります。なお、指定初年度には比較的高額の予算を計上する教育委員会もあります。

例：関東地方のA市コミュニティ・スクールの年間予算

会議費5,000円（初年度同額）、消耗品費10,000円（同40,000円）、委員報酬6,000円（年額）

196

運営編

Q19 学校運営協議会の代表

> 学校運営協議会の委員は様々な選出枠から任命されていますが、そのうちどの枠組の委員を代表にしている例が多いのでしょうか。

 　2015年調査によると、学校運営協議会の代表として最も多いのは「地域代表」（72.9％）で、次いで「学識経験者」（16.2％）、「保護者代表」（6.2％）となります。なかには、「学校代表」（0.6％＝10校）という例もありますが、もともと学校運営協議会は校長の基本方針を承認したり、校長に運営意見を申し出たりすることを役

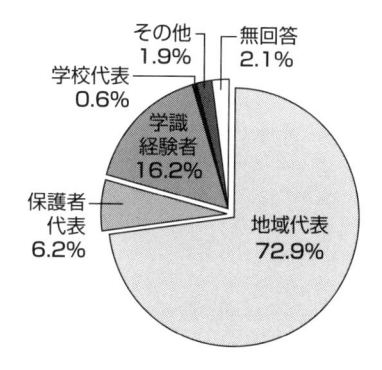

図12　学校運営協議会の代表（N=1555）

割とするわけですから、校長が代表になっていれば「お手盛り」の仕組みに過ぎなくなり、制度の趣旨に反することになります。

　そのほか、公民館長や元校長、同窓会会長、公募、教育委員という学校もあるようです。教育委員は学校代表と同様の意味で、制度に沿わない形になります。

　やはり校区の住民、特に自治会長などの地域代表を代表にして、学校と地域組織等とのつながりを意図する傾向が強いようです。学識経験者は大学教員ばかりでなく、教員退職者や委員経験者が再任されるケースも含まれます。

　なお、関西のある学校では、校区の地域環境を福祉の視点から見直そうという考えから、社会福祉士を学識枠の代表に位置づけたところ、地域の改善が図られたようです。こうした校区の実情に応じた代表選びも、大切な視点になります。

Q20 学校運営協議会の「承認」行為

学校運営協議会で、校長の作成した基本方針が「承認」されないことはあるのでしょうか。

A 基本方針を「承認」することは、学校運営協議会の権限の一つです。

2015年調査によると（図13)、「承認」されなかった事例は1校もありませんでしたが、「意見付きで承認され、その後修正した方針を確定した」(5.6％,85校)、「修正意

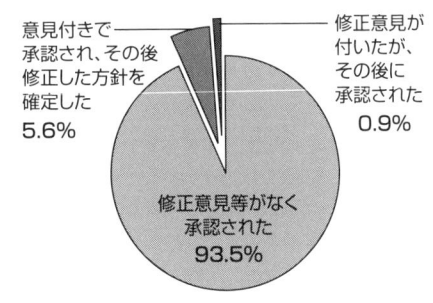

図13 学校運営協議会の「承認」
行為の実体 (N=1531)

意見付きで承認され、その後修正した方針を確定した **5.6%**

修正意見が付いたが、その後に承認された **0.9%**

修正意見等がなく承認された **93.5%**

見が付いたが、その後承認された」(0.9％,14校) という回答もありました。93.5％は何も意見がなく承認されています。

意見が付いた場合を見ると（図14)、「新たなアイデアが提示された」(77.0％)、「文章表現等の修正がなされた」(50.6％) など、むしろ意見によって改善された例が多くを占めます。その意味でも、承認行為は重要な役割を果たしているといえます。

図14 修正意見等の内容 – 複数回答 –

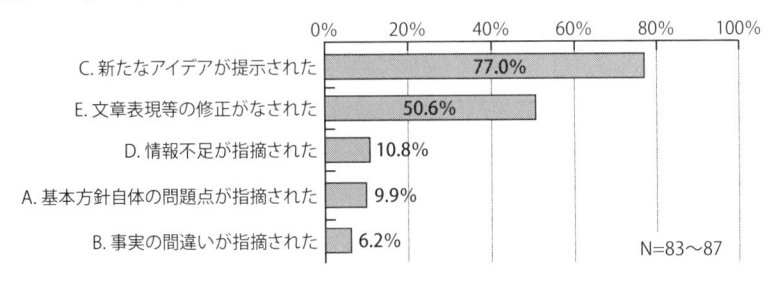

C. 新たなアイデアが提示された	77.0%
E. 文章表現等の修正がなされた	50.6%
D. 情報不足が指摘された	10.8%
A. 基本方針自体の問題点が指摘された	9.9%
B. 事実の間違いが指摘された	6.2%

N=83〜87

運営編
Q21 「承認」権限行使の時期と実態

学校運営協議会の権限の一つである「承認」は、いつ頃行うのか適切でしょうか。

A 校長が作成した基本方針が「承認」対象になるので、基本的には新年度が始まる前ということになります。早い学校では1月頃から3月にかけて、対象事項を分けて順次承認しています。ただ、会議開催数が関係するので、1月から3月のいずれかで開催される会議に承認事項を提示すればよいでしょう。

承認事項は各教育委員会の学校運営協議会設置規則で定められているので、事項数が多い場合には1回の会議で終わらないこともあります。また、施設・設備の整備や学校予算など予算がらみの事項については、自治体の予算請求時期よりも前に提示しなければなりません。

そのほか、人事異動によって新年度に新たな校長が着任した時には、4月から5月頃にあらためて承認することも必要になります。

いずれにしても、以下の点に留意して承認事項を提示することになります。

①設置規則の規程に基づく承認事項の数と内容を考慮する

②年間の会議開催数と開催時期を考慮する

③自治体の予算請求時期などを考慮する

④校長の異動があれば、あらためて承認事項を提示する

学校運営協議会にとって、「承認」は最も重要な役割になります。他の権限（運営意見申出や任用意見申出）とは異なり、いわば必須事項として位置づけられていることを重く見て、その時期を設定することが大切です。

Q22 学校運営に関する意見の内容

> 学校運営協議会は教育委員会や校長に対して学校運営に関する意見
> 申出ができるとされていますが、どのような意見が出されているの
> でしょうか。

A 学校運営意見は、教育委員会と校長に対する場合とでは、若干内容が異なるようです。図15は2015年調査の結果です。全体的に教育委員会に対する意見は少なく、「施設・設備に関すること」で若干数字が他の項目よりも多めになっている程度です。また、「教職員定数」「教員人事」などに関する意見も、わずかですが見られます。

多くは、校長に対して意見申出がなされ、その場合、「地域人材の活用」「生徒指導」「施設・設備」「学習指導」など、教育指導と学校環境に関するものが多くなっています。

図 15　学校運営協議会による意見　（N=1531～1534）

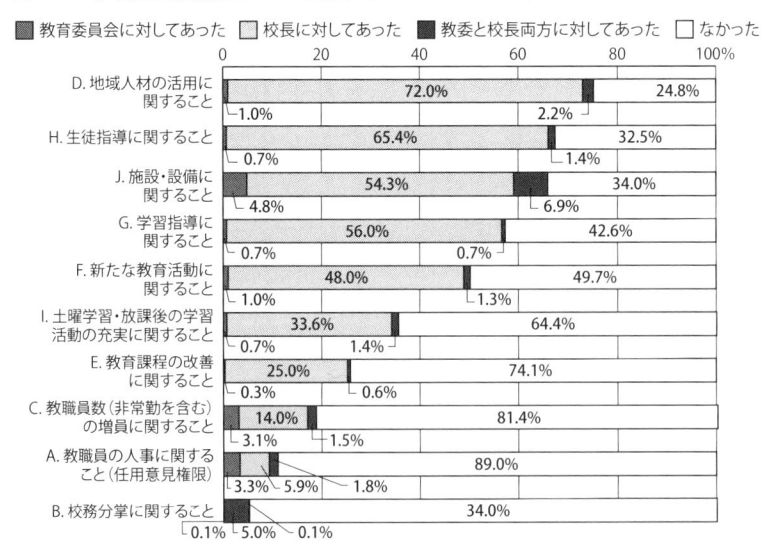

運営編

Q23 任用意見の行使率と内容

> 学校運営協議会による教職員の任用等に関する意見申出はどの程度
> 行使されているのでしょうか。また、その意見の内容にはどのよう
> なものがあるのでしょうか。

A 2014（平成 26）年度間に学校運営協議会が教職員の任用に関
して意見申出を行った割合は、6.6％（99 校）です（2015 年
調査）。また、2011 年度調査では、過去にその意見申出があった学校
の割合は約 16％となりました。この数字をどう読むかは意見が分かれ
るところですが、学校運営協議会の中には、3 〜 4 回も任用意見を申し
出ている例もあります。

任用意見の内容を見ると、表 5 のように整理できます。最も多い意
見は、「教員人事に関する一般的な要望」（63.5％）です。「特定の部活
動が指導できる教員」「中堅の教員」などの要望です。次いで、「自校
の特定教員を転出させないよう要望」（36.5％）となります。「校長の
異動を 1 年延ばしてほしい」などの意見です。また、他校の教員の転
入を希望する例もあり、同じ自治体の「他校の特定教員を自校に任命す
るよう要望」（24.0％）、「他校（他市区町村）の特定教員を自校に任命
するよう要望」（16.3％）という数字になります。「その他」としては、
学生ボランティアや実習生を、教員採用選考後に、自校に着任させるよ
う要望した例などがあります。

表5 「任用意見」の内容

	任用(人事)意見申し出の内容a						合計
	他校の特定教員を自校に任命するよう要望	他校(他市区町村)の特定教員を自校に任命するよう要望	自校の特定教員を転出させないよう要望	特定教員の昇任の要望	教員人事に関する一般的要望	その他	
N	25	17	38	1	66	11	104
%	24.0%	16.3%	36.5%	1.0%	63.5%	10.6%	－

　以上のように、わが校にふさわしい教職員に留任してもらったり、他校等から着任してもらったりするような意見がほとんどです。

　以下、具体的な意見を載せておきます。

　「臨採だった講師が本採となったので、そのまま本校にて、勤務させて欲しい」「部活存続のための顧問の配置」「特別支援児童への支援員の配置を希望した」「地元出身の教職員を配置希望」「男性職員を増やしてほしい」「加配教員を希望する（学力向上のため）」「吹奏楽部指導者の配置」「職場の男女比についての要望」「少人数加配の継続配置」「小中一貫教育を推進するための加配教員の配置」「小さい学校なので、事務、養護教諭がいないので配置を希望」「初任者ではなく経験者を配置してほしい」「学習支援員の配置」「主幹教員の残留希望」「若い教職員の任用」「自校の教職員の留任を要望」「校長再任用に関する留任要望」「校長の継続的任用」「不登校児童生徒支援員、生徒指導員、特別支援教員支援員も今年度と同様に確保の要望」「教頭が担任を兼務していることについて、専任教頭の要望」「教員の異動の際に、本校へ異動したいという希望者の情報を入手し、前任校の校長の詳細な情報を基に転入の要望をした」「栄養士の任用」「異動の可能性の高い優秀な教員に対しての留任希望」「リーダー的な体育指導や健康づくりを推進できる実績のある男性教員の配置」「コミュニティ・スクール担当者の加配要望」「3年

目の副校長の留任を要望した」「1. 生徒指導や学級経営に力量のある者を求めるもの」「生活指導の充実を一層図るために、生活指導主任を残留させる」「昇任副校長の責任及び指導育成のために、学校経営補佐担当、非常勤教員を配置する」「日本語指導が必要な児童（外国にルーツのある児童）が増加し、その担当教員の留任希望」「上の件に関する増員要望」「生徒指導困難校としての人的資源の拡充」「生徒指導ができる教員要望」「部活動の顧問要望」「個別級の教員加配要望」「情熱にあふれ、高い力量を持った教職員の配置」「サポート非常勤配置等、適時適切な人的支援による学校支援」「児童生徒支援加配の配置について－（県へ）、特別支援教育支援員の配置について－（町へ）」「国語、社会、理科、英語の各教科について表現力等を伸ばせる教員の配置を希望」「教務の職務に長けている教員の配置を希望」「教務主任ができる男性教師の任用希望」「バスケットボール部指導経験のある教員の配置」「学年主任ができる教員」「男女比の関係に関すること」「学校経営上柱となる長期勤務者については留任させていただきたい」「一度に多くの転任者を出して、協同学習が低調になることがないようにしていただきたい」「課外活動（金管バンド部）の指導が出来る＆音楽専科を担当できる教員を配置してほしい」「音楽科教員の配置」「支援員の配置」「ミドルリーダーとなる教職員の任用要望」

Q24 学校運営協議会の議事

学校運営協議会では実際にどのようなことを議事に取り上げて、協議しているのでしょうか。

A 学校運営協議会は、承認対象事項、教委規則で定める事項、教職員の任用、その他委員からの発案事項を議事とします。まず、承認対象事項は、Q17 –（3）で述べたように教委規則によって決められています。多くの場合、教育課程、学校予算、学校経営計画などを承認事項としています。

教委規則で定める事項としてポピュラーなのは、学校評価です。この場合、協議会が学校関係者評価の主体になる場合と、学校自己評価を協議対象とする場合に分けられます。そのほか、健全育成や地域・家庭教育を扱うよう定める教委もあります。

教職員の任用については、教委規則に当該関係規程がない場合もありますが、校内人事や定数改善などとして協議されることもあります。

その他委員からの発案事項は、校長や教育委員会に対する学校運営意見につながることがあります。学校行事や地域人材活用などです。

そこで、2015 年調査から、どのような議事が取り上げられたのかを見ると、「学校評価」「学校行事」「地域人材活用」「授業改善」「生徒指導」「地域・保護者の巻き込み方」などが 8 割以上の学校で取り上げられています。承認対象事項でもある「教育課程」「施設・設備」は多くの学校で取り上げられていますが、「学校予算」になると 3 割弱に減少しています。

興味深いことは、「学校への注文・苦情への対応」が半数以上（54.7％）の学校で議事になっている点です。学校に対する保護者や地域住民のクレームが多くの学校で課題視されていることの表れだといえます。

　教職員の人事に関しては、議事として取り上げられることが少なく、「校内人事」15.1％、「教職員定数」15.3％、「教職員の任用」10.9％にとどまります。人事は多くの学校でタブー視されているようです。

図 16　学校運営協議会で取り上げた議事

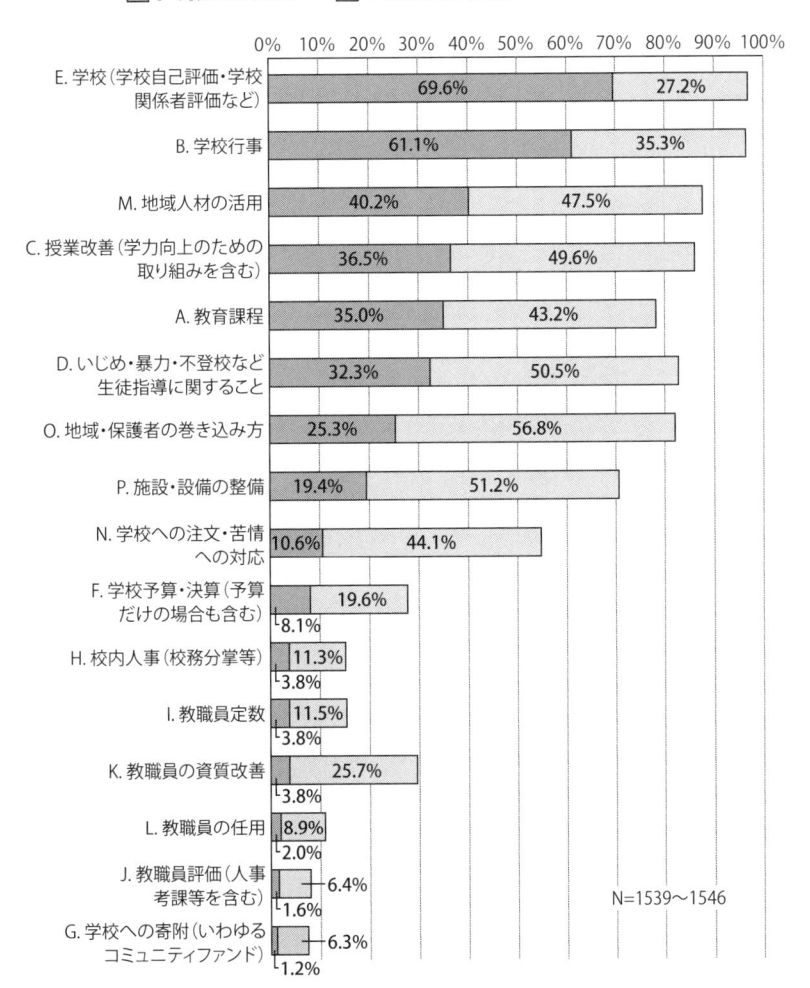

■ よく取り上げられる　　□ 少し取り上げられる

項目	よく取り上げられる	少し取り上げられる
E. 学校（学校自己評価・学校関係者評価など）	69.6%	27.2%
B. 学校行事	61.1%	35.3%
M. 地域人材の活用	40.2%	47.5%
C. 授業改善（学力向上のための取り組みを含む）	36.5%	49.6%
A. 教育課程	35.0%	43.2%
D. いじめ・暴力・不登校など生徒指導に関すること	32.3%	50.5%
O. 地域・保護者の巻き込み方	25.3%	56.8%
P. 施設・設備の整備	19.4%	51.2%
N. 学校への注文・苦情への対応	10.6%	44.1%
F. 学校予算・決算（予算だけの場合も含む）	8.1%	19.6%
H. 校内人事（校務分掌等）	3.8%	11.3%
I. 教職員定数	3.8%	11.5%
K. 教職員の資質改善	3.8%	25.7%
L. 教職員の任用	2.0%	8.9%
J. 教職員評価（人事考課等を含む）	1.6%	6.4%
G. 学校への寄附（いわゆるコミュニティファンド）	1.2%	6.3%

N=1539〜1546

Q25 学校運営の混乱への懸念

学校運営協議会が行う意見申出によって学校の自律性が損なわれ、学校運営が混乱することを懸念する声もありますが、実際に混乱が起こった例はあるのでしょうか。

A 学校運営の混乱を懸念する声も聞くことがあります。

しかし、2015 年調査から、この点を探ると表 6 のようになり、まず「教職員の任用に関する意見申出により人事が混乱」の回答を見ると、「とても当てはまる」0％、「少し当てはまる」0.4％に過ぎず、ほとんど混乱がなったといえます。「特定の委員の発言で学校運営が混乱」の同様の肯定的回答は、同じく 0.5％と 2.2％と、極めて少なく、「学校の自律性が損なわれた」「委員からの批判的な意見が多い」も同様に、「当てはまる」でも極めて少ない実態にあります。いずれも「とても当てはまる」の回答実数は 10 校未満で、このうち特定の学校は複数の項目で肯定的な回答を示しているように、特定の学校でたまたま問題視されているに過ぎません。学校運営の混乱への懸念は、取り越し苦労のようです。

表 6 委員の言動と学校運営の支障

委員の言動・学校運営の支障に関する項目	とても当てはまる	少し当てはまる	あまり当てはまらない	まったく当てはまらない
教職員の任用に関する意見申し出により人事が混乱した	0.0%	0.4%	6.7%	92.9%
特定委員の発言で学校運営が混乱した	0.5%	2.2%	14.4%	82.9%
学校の自律性が損なわれた	0.1%	2.1%	16.5%	81.2%
委員からの批判的な意見が多い	0.2%	1.3%	17.6%	80.9%

N=1542 〜 1543

運営編 Q26 会議の傍聴

学校運営協議会の会議の傍聴の可否は、どのような実態にあるのでしょうか。

A 傍聴は、委員以外の保護者や地域住民を、一時的であるにせよ外部モニターに位置づけ、ガバナンス機能の拡大を意味する方法になります。会議をいわば「内輪」にとどめず、広く公開することによって、馴れ合い的議論にならないよう「可視化」を促す役割を果たすからです。

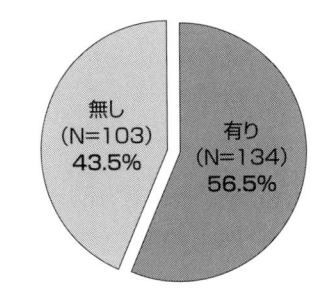

図17　傍聴規程の有無 (N=237)

設置規則には「公開」と記載する例もありますが、ここではこれを傍聴と同義と解して、その規定率を算出してみました（図17）。図によると、傍聴規程「有り」56.5％で、「無し」43.5％となり、有無はほぼ二分されます。地方別に集計したところ、傍聴「有り」は「北海道」80.0％、「関東」82.8％など東日本が多いのに対して、「近畿」31.0％、「四国」35.0％など、西南日本では半数に満たない実態にあります。また、「有り」の場合も、教職員の任用「人事に関する協議がなされる場合には、傍聴を認めない」という例が多い実態にあります。

　ともあれ、保護者・地域住民等による学校運営参画の保障という意味では、委員以外の関係者が会議を傍聴できるようにすることは、大きな意味を持つことになります。

Q27 学校運営協議会の情報周知方法

学校運営協議会の協議結果などの情報を、どのように周知している
のでしょうか。

A 　学校運営協議会設置規則の在り方にもよりますが、2015 年調
査によれば、「学校便り・校長便り」に情報を掲載している学
校が多く、全体では約 6 割～ 8 割になります。次いで、「学校運営協議
会便り」「ホームページ」を用いている学校が多い実態にあります。

　設置規則で情報提供を義務づけられている学校（情報提供規程・有
り）は、「学校運営協議会便り」「ホームページ」の割合が高くなり、一
方、義務づけられていない学校（同規程・無し）は「学校便り・校長
便り」など既存の媒体を利用している割合が高くなります。そのほか、
「PTA 集会」「地域懇談会」「報告会」で提供している学校もあります。

　それら情報には、協議結果だけでなく、委員の活動状況や感想など
を含む場合が多く見られます。保護者や地域住民、教職員など関係者の
関心を深めるために、周知方法を工夫することが大切になります。

図 18　協議結果の周知方法 － 情報提供規程の有無別 － （校長の回答）

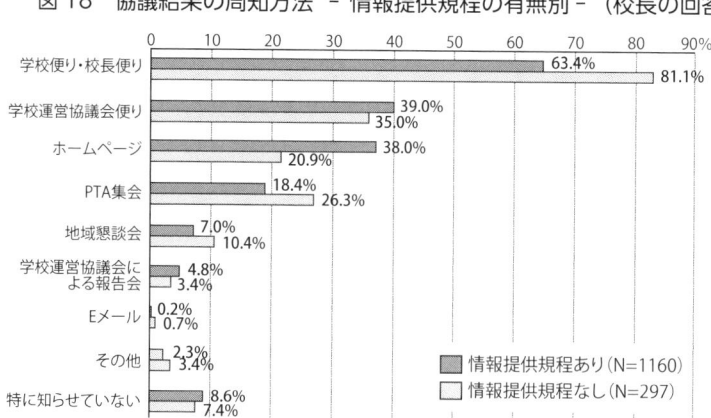

運営編
Q28 教職員の理解をどう促すか

担当以外の一般教職員は学校運営協議会の会議にかかわる機会が少なく、それに対する関心や理解が弱いといわれています。そこで、教職員に対して、コミュニティ・スクールに対する理解をどう促せばよいでしょうか。

A 学校運営協議会には管理職や担当主幹が出席するなどして直接かかわる例が多いため、一般教職員の関心が低いといわれます。2015年調査によれば、一般教職員が学校運営協議会に直接かかわっている学校は57.2%となり、意外にも高い数値になりました。ただ、すべての教職員がかかわっているわけではないでしょう。

そこで、多くの教職員にかかわりを持たせる例として、「熟議」を委員と一緒に実施している学校や年1回の会議への出席を当番制にしているところもあります（全員出席もある）。また、他校から着任してきた教員に対して、地域理解の実地研修を委員が行う学校もあります。

なお、教職員がかかわっている学校の方が、そうでない学校よりも「教職員の意識改革が進んだ」という割合が高い傾向にあります（図19）。

図19 教職員のかかわり×意識改革　校長の回答

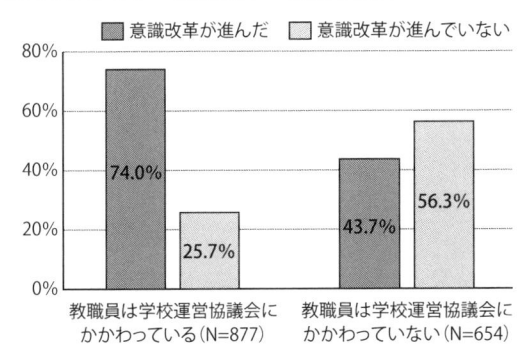

凡例：■ 意識改革が進んだ　□ 意識改革が進んでいない

- 教職員は学校運営協議会にかかわっている（N=877）： 74.0%　25.7%
- 教職員は学校運営協議会にかかわっていない（N=654）： 43.7%　56.3%

Q29 準備期間と準備委員会

コミュニティ・スクールの指定を受けるためには、どのような準備期間と手続きが必要でしょうか。

A コミュニティ・スクール指定に至るまでには一定の準備期間が必要で、その間に準備委員会等を設置するところがほとんどです。2013年の全国調査によると（表7）、その準備委員会の会議開催回数の平均は7回となります。1.4年間に7回程度の準備委員会会議を実施して指定に至ったという平均的な実態が見出されます。

準備委員会委員数は平均10.8人で、そのうち学校運営協議会委員に任命された平均人数は7.8人（任命率約72%）となります。

表7 指定に至るまでの準備期間と準備委員会委員数の平均

	準備期間	準備委員会会議回数	準備委員会委員数	準備委員のうち学校運営協議会委員に任命された人数
平均	1.4年	7.0回	10.8人	7.8人
学校数	308	311	319	321

準備委員会の名称は様々ですが、コミュニティ・スクール推進委員会、学校運営協議会準備委員会などが一般的です。なかには地区校長会や学校応援団、○○の学校づくりを語る会など独自のネーミングを用いている例もあります。

なお、準備委員会への教育委員会職員の出席状況は、「毎回参加」22%、「ときどき参加」20%、「ほとんど参加しない」20%、「全く参加しない」37.4%となります。自治体内の指定校数が多いと、参加しない例が多くなっています。

準備編 ●Q30 コミュニティ・スクールの「指定」の文言の除外後の措置

法改正によって、教育委員会にコミュニティ・スクール制度導入の努力義務が課せられましたが、これに伴い従来の「指定」という手続きが不要になりました。それでは、「指定の取り消し」に変わる措置としてどのようなことを行えばよいのでしょうか。

A 法改正に伴う条文解説（文部科学省HP）は、「努力義務化により、協議会の設置について特定の学校を指定する必要がなくなったため、従来の「指定」の仕組みを削除しています」と述べています。地教行法第47条の六は、以下のように記しています。

1. 教育委員会は、教育委員会規則で定めるところにより、その所管に属する学校ごとに、当該学校の運営及び当該運営への必要な支援に関して協議する機関として、学校運営協議会を置くように努めなければならない。

つまり、教育委員会が所管校毎に学校運営協議会を設置するよう求められていることになるため、従来の「指定」か否かという区分が不要になった訳です。

「指定」の仕組が定められていた時には、「学校運営協議会の運営が著しく適正を欠くことにより、当該指定校の運営に著しい支障が生じ、又は生ずるおそれがあると認められる場合においては、その指定を取り消さなければならない」とされていました（改正前の地教行法第47条の五）。法改正によって、この文言は以下のように変えられました。

9. 教育委員会は、学校運営協議会の運営が適正を欠くことにより、対象学校の運営に現に支障が生じ、又は生ずるおそれがあると認められる場合においては、当該学校運営協議会の適正な運営を確保するために必要な措置を講じなければならない。

つまり、コミュニティ・スクールであることを取り消すのではなく、委員を交代させることにより適正な運営を取り戻すべきだと言うのです。

Q31 校長による指定前の準備

コミュニティ・スクールを目指して、校長として何を準備すればよいのでしょうか。

A 準備期間との関係もありますが、まずはコミュニティ・スクールに対する理解を深めることから始めます。すでに教育委員会勤務や前任校でコミュニティ・スクールにかかわった校長なら別ですが、筆者らの 2013 年調査によると、その制度をもっと知るために、「教育委員会の研修に参加」（73.2％）、「教育雑誌の記事を読んだ」（61.7％）という校長が多いようです（図 20）。

また、「指定校の視察」は 4 割近くで行われているように、極めて有効な方法になりますが、出張旅費の有無に大きく左右されます。一般的に研究指定期間に一定の予算確保がなされた時に、視察が行われることが多くなります。新聞記事や文部科学省研修会は好事例を探すのに役立ち、専門図書は理論的理解を深めるのに適しています。委員人材の発掘も、重要な手順になります。

図 20 校長のコミュニティ・スクール理解の方法 －指定校－

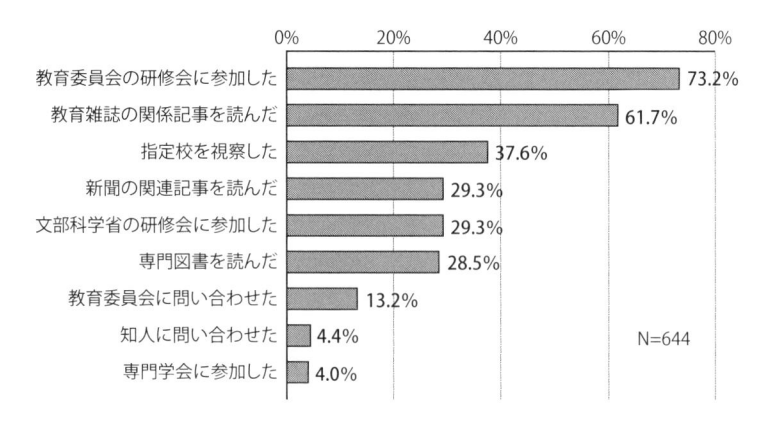

準備編 Q32 視察先の選び方

> 視察先はどのような学校がよいのでしょうか、また視察のポイントにはどのようなことがあるのでしょうか。

 筆者の経験を踏まえると、視察先としてはおおよそ以下のような学校が適していると思います。

[視察に適した学校]

①学校のホームページ（HP）に学校運営協議会の活動等を掲載し、更新している学校

　HP にコミュニティ・スクールに関する記事を UP している学校は少なくありませんが、そこに更新記事を載せている学校は、活動や地域との関係を拡充しようとする姿勢が感じられます。

②学校運営協議会だより以外にも、情報発信を積極的かつ定期的に行っている学校

　「たより」だけでなく、パンフレットやマスコットマークなどを作成し、広く活動に関する情報発信を工夫している学校は、活動も活発なところが多いようです。

③学校運営協議会の委員の顔が見える学校

　教育委員会や文部科学省の研修会などで事例発表を行う際に、地域代表や保護者代表の委員が登壇している学校は、活動が活発だと考えてよいでしょう。

④定例会やその他会議を比較的多く開催している学校

　定例会が年３回程度という学校よりも、最低でも平均の５回以上は開催している学校の方が、活発な活動を展開しています。

⑤学校運営協議会が法定権限活動以外にも多様な取り組みにかかわっている学校

学校評価（特に学校関係者評価）の扱いや学校支援活動などを活発に展開している学校は、大いに参考になります。

[視察のポイント]
　また視察先では、以下の点に注目しておくとよいでしょう。
①担当者
　校内では誰が主担当者で、担当補佐も存在しているか。また、コーディネーターとの関係などを確認しておきます。
②会議開催の回数と曜日・時間
　年間の会議開催数と開催時期を確認しておきます。学校運営協議会委員の属性は会議の開催時間帯にも影響するので、曜日（平日か週末か）と時間（昼間か夕刻か）を把握しておきます。
③議事と「承認」時期
　年間の議事取り扱い内容と分量を全体的に確認するとともに、「承認」の時期にもよく注目しておきます。
④学校運営協議会運営予算と使途
　学校運営協議会運営予算を確認します。まず収入に関しては、公費収入の有無や独自の公費外資金調達方法の有無、そして支出については、費目ごとの金額等を把握します。
⑤学校支援活動や学校評価等の取り組み
　学校運営協議会の権限外活動として多くの学校で実施されている学校支援活動や学校評価の実施方法を確認します。また、これら以外の取り組み、例えば児童生徒からの意見聴取や地域行事、学校行事への協力などの取り組みがあれば、そのかかわり方を調べます。
⑥その他
　保護者・地域住民に対する情報提供の実態や教職員の関心を高めるための工夫なども、視察のポイントになります。

準備編

Q33 委員人材の発掘方法は

> それでは、委員に望ましい人材を、どのような方法で発掘すればよいのでしょうか。

A 筆者らの2013年調査によると、委員の発掘方法として半数以上の校長が採った方法は、「自治会・町内会関係者に相談」（71.4％）、「PTA会員に相談」（62.8％）の2つでした（図21）。校区に住む自治会長やPTA会長などは、地域の人材を知悉しているからでしょう。「他校への相談」があまり多くないのは、やはり校区内の地域人材を求めているからだといえます。

「教育委員会や役所等に相談」（32.1％）も比較的多いのは、専門的人材を探すケースで、「大学等に相談」は学識委員を依頼するケースだと考えられます。

ただ、「社会教育職員に相談」はわずか2.2％に過ぎませんが、公民館等に勤務する社会教育職員（特に社会教育主事）は広い人的ネットワークを持っていることが多いので、この方法はもっと活用されてよいと思います。

図21 委員人材の発掘方法 （N=588）

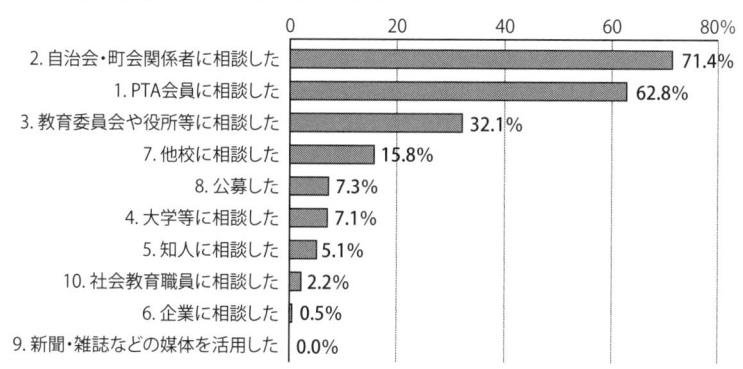

2. 自治会・町会関係者に相談した	71.4%
1. PTA会員に相談した	62.8%
3. 教育委員会や役所等に相談した	32.1%
7. 他校に相談した	15.8%
8. 公募した	7.3%
4. 大学等に相談した	7.1%
5. 知人に相談した	5.1%
10. 社会教育職員に相談した	2.2%
6. 企業に相談した	0.5%
9. 新聞・雑誌などの媒体を活用した	0.0%

法律では「学校運営協議会」と明記されていますが、他の名称を用いることは可能なのでしょうか。

A コミュニティ・スクールに置かれる「学校運営協議会」は法律上の名前になりますが、教育委員会や学校の判断によって独自の名称を付けることは問題ありません。そもそもコミュニティ・スクール第1号の足立区立五反野小学校が、地教行法改正に先立って「学校理事会」の名称を用いて、これを後から学校運営協議会に位置づけたことから、すでに事実行為として他の名称が用いられていたわけです。

現在、全国には以下のような名称の協議会が存在します。

東京都世田谷区「学校運営委員会」

東京都新宿区「地域協働学校運営協議会」

鳥取県南部町「地域協働学校運営協議会」

島根県出雲市「地域学校運営理事会」

大分県豊後大野町「小・中学校一貫教育 TRY 推進協議会」

鹿児島県肝付町「コミュニティ・スクール運営協議会」

また、同じ自治体でありながらも、学校が独自の名称を付けることを可能とする例もあります。例えば、三鷹市は設置規則中に、「協議会は、教育委員会に届出の上、別の名称を用いることができる」という一文を盛り込み、学校でふさわしい名称を用いることを認めています。その一つの例として、同市立第四小学校は「夢育コミュニティ」と名付けたところです。

35 コミュニティ・スクールの指定書

コミュニティ・スクールに指定された場合、どのような認証方法を
とればよいのでしょうか。

A 法改正によって「指定」の仕組みは除外されましたが、指定書
を作成している教育委員会もまだあります。見本は福岡県春日
市教育委員会の例ですが、このように
学校名、指定期間等が示された証書形
式で作成されています。その本文は
「春日市学校運営協議会規則第3第1
項の規程によりコミュニティ・スクー
ルとして指定します」と記されてい
るように、指定の根拠を示して、「コ
ミュニティ・スクール」「地域運営学
校」など教育委員会が定める名称を記
しておきます。指定書を受けた学校
は、校長室の内部や教員室付近の廊下
に指定書を掲示しています。

そのほか、正門などに「コミュニティ・スクール指定」などの文字
を刻んだ看板を掲げる例も見られます。これは単位学校のアイデアです
が、書家の地域住民に依頼して、木製の毛筆看板を制作してもらい、校
門にかけた都内の中学校もあります。

ともあれ、「指定書」の交付によって、当該校がコミュニティ・ス
クール等に指定されたことになります。

◆◆ おわりに

　コミュニティ・スクールに関しては、理解・情報の不足に起因する「食べず嫌い」や「取り越し苦労」があるように思うが、本書によってそのことが少しでも軽減されれば本書のねらいは達成されたことになる。しかし、その結果は読者にお任せするほかはない。

　ただ、コミュニティ・スクールはこれから全国的に浸透していくと断言できそうである。あらためて述べるまでもなく、コミュニティ・スクールは学校改善や地域活性化のための有力なツールであり、教職員を萎縮させるものではない。

　筆者はこれまでに、コミュニティ・スクール第1号であった東京都足立区立五反野小学校の運営指導委員会副委員長を務めたのを皮切りに、以後、各地のコミュニティ・スクール立ち上げにもアドバイザー等としてかかわってきている。

　ある小学校には、実践研究期間にアドバイザーとしてその導入を目指した取り組みに様々な情報などを提供したところ、初めはその取り組みに懐疑的態度を見せていた地域住民が次第に受容的態度に変容していったが、教育委員会の指導主事は、特定の思想的偏向を持つ住民が公募によって委員になった場合を想定して不安視していた。結果として導入は見送られたが、その指導主事が別の学校の校長に昇任すると、保護者や地域住民との対話がいかに重要かを実感するようになり、今度はコミュニティ・スクール支持者に変わり、公募に対する不安は微々たるものだと思うようになったという、実例にも接したことがある。

　また、全国コミュニティ・スクール連絡協議会事務局長の仕事を通じて、コミュニティ・スクールの指定を受けたある校長から、「やるこ

とは増えたが、やらなくてよい仕事はもっと増えた」という感想も耳にすることができた。学校運営協議会の運営業務は増えたわけだが、補導件数や苦情の減少、地域教育資源やボランティア人材確保の効率化などによって、補導や苦情の対応などを「やらなくてもよくなった」のである。その意味で、「やらなくてよい仕事はもっと増えた」と言うのである。

これらから、コミュニティ・スクールには「案ずるより産むが易し」という表現が当てはまるといえそうである。

そして、本書をコミュニティ・スクール試食のための「レシピ」としてご活用いただければ幸いである。

末筆ながら、調査研究の機会を与えてくれた文部科学省初等中等教育局参事官付の方々や、受託を承認してくれた日本大学文理学部、そして、調査にご協力いただいた教育委員会と学校に感謝申し上げる次第である。また、エイデル研究所の大塚智孝会長、編集部の熊谷耕氏、そして何よりも、単著担当第1号として編集に努めてくれた村上拓郎氏には、この場を借りて謝意を申し上げたい。

◆『コミュニティ・スクール』事項索引

《初出一覧》

＊既発表論文については、加筆修正を行った。

第 1 部

第 1 章　「学校のガバナンスとコミュニティ・スクール」『信濃教育』538 号 1‐9 頁（信濃教育会、2014 年）

第 2 章　「第 3 章　コミュニティ・スクール制度の制定過程」『コミュニティ・スクール制度の形成と展開に関する実証的研究』（大阪大学博士学位請求論文）

第 3 章　「第 1 章　学校運営参画の仕組みとしてのコミュニティ・スクール制度」『コミュニティ・スクール制度の形成と展開に関する実証的研究』（大阪大学博士学位請求論文）

　　　　「学校のガバナンスからみたコミュニティ・スクールの課題と展望」『季刊教育法』181 号 6‐11 頁、2014 年

　　　　「コミュニティ・スクールによる地域活性化の課題―文部科学省委託調査の結果から―」『社会教育』803 号頁、2013 年

第 4 章　「第Ⅴ部　学校運営協議会設置規則の分析」『平成 25 年度文部科学省委託調査研究報告書―コミュニティ・スクール指定の促進要因と阻害要因に関する調査研究』324-337 頁（日本大学文理学部、2014 年）

第 2 部

第 1 章　「学校と地域を元気にするコミュニティ・スクール　第 1 回」『季刊教育法』174 号 63‐65 頁（エイデル研究所、2012 年）

第 2 章　「学校と地域を元気にするコミュニティ・スクール　第 2 回」『季刊教育法』175 号 72‐75 頁（エイデル研究所、2012 年）

　　　　「学校と地域を元気にするコミュニティ・スクール　第 3 回」『季刊教育法』177 号 73‐75 頁（エイデル研究所、2013 年）

　　　　「学校と地域を元気にするコミュニティ・スクール　第 4 回」『季刊教育法』178 号 82‐85 頁（エイデル研究所、2013 年）

　　　　「コミュニティ・スクールと『近隣トラブル』解決」『季刊教育法』176 号 38‐41 頁（エイデル研究所、2013 年）

　　　　「学校と地域を元気にするコミュニティ・スクール　第 5 回」『季刊教育法』179 号 92‐95 頁（エイデル研究所、2013 年）

第 3 章　「学校と地域を元気にするコミュニティ・スクール　第 6 回」『季刊教育法』180 号 88‐91 頁（エイデル研究所、2014 年）

　　　　「学校と地域を元気にするコミュニティ・スクール　第 7 回」『季刊教育法』182 号 74‐77 頁（エイデル研究所、2014 年）

　　　　「学校と地域を元気にするコミュニティ・スクール　第 8 回」『季刊教育法』183 号 110‐113 頁（エイデル研究所、2014 年）

第 4 章　「学校と地域を元気にするコミュニティ・スクール　第 9 回」『季刊教育法』184 号 60‐63 頁（エイデル研究所、2015 年）

「学校と地域を元気にするコミュニティ・スクール　第 10 回」『季刊教育法』185 号 116‑119 頁（エイデル研究所、2015 年）

「学校と地域を元気にするコミュニティ・スクール　第 11 回」『季刊教育法』186 号 84‑87 頁（エイデル研究所、2015 年）

補　章　書き下ろし（第 3 節以外）

第 3 節　「コミュニティ・スクール構想と地域学校協働本部の教育経営」日本教育経営学会編『現代の教育課題と教育経営−現代の教育経営 2』124-134 頁（学文社、2018 年）

第 3 部　『データで見るコミュニティ・スクールの全貌−平成 27 年度文部科学省委託調査研究　総合マネジメント強化に向けたコミュニティ・スクールの在り方に関する調査研究報告書（別冊）』（日本大学文理学部、2016 年 3 月）（項目の入れ替えを一部行った）

【著者紹介】

佐藤 晴雄（さとうはるお）

　日本大学文理学部教育学科教授。

　東京都出身、大阪大学大学院人間科学研究科博士後期課程修了　博士（人間科学）大阪大学。

　東京都大田区教育委員会、帝京大学助教授などを経て2006年から現職。早稲田大学・女子美術大学講師、日本学習社会学会会長、日本教育経営学会理事。この間、中央教育審議会専門委員（初等中等教育分科会）、文部科学省コミュニティ・スクール企画委員会委員、文部科学省コミュニティ・スクールの推進等に関する調査研究協力者会議委員、九州大学・大阪大学・筑波大学大学院・青山学院大学の非常勤講師、全国コミュニティ・スクール連絡協議会事務局長等を歴任。

　専攻は教育経営学・生涯学習論。主な著書に、『学校を変える地域が変わる』（教育出版、2002年）、『学校支援ボランティア』（編著、教育出版、2005年）、『コミュニティ・スクールの研究』（編著、風間書房、2010年）、『教育のリスクマネジメント』（田中正博と共著、時事通信社、2013年）、『新・教育法規解体新書』（監修、東洋館出版社、2014年）、『コミュニティ・スクールの成果と展望』（ミネルヴァ書房、2017年）、『コミュニティ・スクールの全貌』（編著、風間書房、2018年）ほか多数。

コミュニティ・スクール〈増補改訂版〉
「地域とともにある学校づくり」の実現のために

2016年8月15日　初刷発行
2019年7月31日　増補改訂版初刷発行

著　　　者　佐藤 晴雄
発 行 者　大塚 孝喜
発 行 所　株式会社エイデル研究所
　　　　　　〒102-0073
　　　　　　東京都千代田区九段北 4-1-9
　　　　　　TEL. 03-3234-4641
　　　　　　FAX. 03-3234-4644
装幀・本文
デ ザ イ ン　株式会社オセロ
印刷・製本　中央精版印刷株式会社